SHENZHEN
CHUANGYE
GUSHI 4

深圳创业故事4

深圳市科技创新局　主编

杨柳　执笔

深圳出版社

图书在版编目（CIP）数据

深圳创业故事 . 4 / 深圳市科技创新局主编；杨柳
执笔 . -- 深圳：深圳出版社，2025. 6. -- ISBN 978-7-
5507-4281-9

Ⅰ . K825.38

中国国家版本馆 CIP 数据核字第 2025T9R397 号

深圳创业故事4

SHENZHEN CHUANGYE GUSHI 4

责任编辑　杨华妮　张嘉嘉
责任技编　陈洁霞
责任校对　万妮霞
封面设计　度桥制本 Workshop

出版发行　深圳出版社
地　　址　深圳市彩田南路海天综合大厦（518033）
网　　址　www.htph.com.cn
订购电话　0755-83460239（邮购、团购）
设计制作　深圳市度桥制本设计有限公司
印　　刷　深圳市希望印务有限公司
开　　本　787mm×1092mm　1/16
印　　张　15
字　　数　199 千
版　　次　2025 年 6 月第 1 版
印　　次　2025 年 6 月第 1 次
定　　价　48.00 元

编委会

凝心聚力培育壮大新质生产力

2025 年政府工作报告中，将"因地制宜发展新质生产力，加速建设现代化产业体系"列为工作任务，为我们在新发展阶段打造经济发展新引擎、增强发展新动能提供了重要指引。在数字经济成为大趋势、我国全面建设中国式现代化的时代背景下，新质生产力具有新的内涵和特征。新质生产力有别于传统生产力，是以新技术深化应用为驱动，以新产业、新业态和新模式快速涌现为重要特征，进而构建起新型社会生产关系和社会制度体系的生产力。新质生产力代表一种生产力的跃迁，是推动人类文明进步的根本动力。

当前的深圳承担着更为重大的历史使命，开启了建设粤港澳大湾区和中国特色社会主义先行示范区的新征程。如果说最初改革开放先行先试是深圳的使命，那么今天先行先试已经成为这座城市的自觉追求，沉淀为深圳的城市基因。科技创新早已融入深圳的文化血脉中，对新质生产力的培育更是时不我待。

作为科技创新主体的企业，是推动新质生产力发展的主力军。中国深圳创新创业大赛（简称"深创赛"）以政府为主导，搭建起一个让创业者充分展示的舞台，让他们与投资者面对面，与同行深度碰撞交流。不管你是曾在海外留学，还是曾在企业做高管，抑或是从科研机构、大学走出来的教授、技术人员，都可以在这里逐梦，感受"政府搭台、企业唱戏"的精彩，用自己的青春和智慧为深圳的经济建设添砖加瓦。

自 2009 年以来，深创赛已连续举办了 16 届，累计报名主体达 6.2 万个。据不完全统计，历届参赛主体中有 26 家企业成功上市，涌现出 324 家专精特新"小巨人"企业、4655 家高新技术企业，大疆、正浩创新、晶泰科技、元象、航顺芯片、海柔创新、元戎启行、云英谷、创鑫激光、麦科田、云鲸智能等 11 家优质企业入选 2024 年胡润全球独角兽榜单。深创赛不仅为深圳引进了创新人才和资源，而且极大地激发和带动了深圳的创新创业热潮，推动了创新链、产业链、资金链、人才链的深度融合，为促进高质量发展、培育新质生产力、服务深圳走好中国式现代化之路做出了积极贡献。

回顾近年来的深创赛，在培育新质生产力方面，深创赛组委会有两个突出的经验：

一是为了解决创新型企业融资难、融资贵的难题，深创赛组委会优化科技创新要素配置，通过吸引一大批优秀的创投机构，以及深交所科融通平台等专业服务机构参与大赛，为企业铺设了一条顺畅的资本对接航道，帮助企业实现快速增长。以深交所科融通平台为例，该平台为参赛企业对接资本提供专业化服务，已累计服务 6 届深创赛，聚焦合成生物、前沿新材料、智能机器人等未来产业，为 1667 家优质企业提供线上线下投融资路演及对接服务，助力 184 家企业成功融资，融资总金额超 79 亿元。

二是聚焦关键领域，设立深创赛新疆赛、人工智能领域挑战赛、"临床应用＋X"挑战赛和工业互联网领域挑战赛等垂直领域挑战赛，进一步丰富大赛内涵，夯实办赛成果，提升大赛对产业创新升级的赋能效果。例如，深创赛新疆赛主要结合新疆在化石能源、新能源和矿产资源方面得天独厚的资源特点，以及新疆向西开放的区位优势，以推进丝绸之路经济带核心区建设为驱动，寻找各行业领先技术解决方案，用技术驱动产业智能制造升级，为新疆产业升级助力。

一届又一届的深创赛，让我们欣喜地看到，拥有创业梦想的人群越来越多样化，既有海外留学人员，又有从高校走出来的教授，还有从大企业走出来的高管，也包括利用深港两地优势创业的"双城创业者"。为了让读者更方便地了解不同类型的创业者的故事和感悟，《深圳创业故事 4》按创业者类型分为五章：第一章"双城创业传捷报"，讲述了充分利用深圳和香港双城优势的成功创业者，他们在粤港澳大湾区创业大军中成为耀眼的明星；第二章"教授创业领风骚"，讲述了大学教授为了将科研成果转变成现实生产力，毅然决然走上创业的道路，披荆斩棘，书写新的传奇；第三章"打破安逸勇创业"，讲述了大型企业高管本来拥有稳定优渥的生活，可为了创业的梦想选择放手一搏；第四章"海归圆梦在鹏城"，介绍了海归精英怀着赤子之心，在深圳这个创新之城实现了实业报国的梦想；第五章"不屈不挠谱新章"，介绍了连续创业者的故事，他们不止一次创业，面对挫折不约而同选择继续在创业的道路上信步驰骋。

人是生产力的创造者和使用者，是生产力中最活跃、最具决定性意义的因素。《深圳创业故事 4》通过讲述 18 位创业者不平凡的创业经历，展示他们在培育新质生产力过程中所发挥的重要作用，让全社会对新质生产力以及科技创业者有更全面、更深刻的认知，共同促进加快形成新质生产力，推动经济繁荣和国家富强。

（李子彬　深圳市原市长、中国中小企业协会会长）

目录

第一章

双城创业传捷报

苟利国家生死以，岂因祸福避趋之。

——林则徐

张峻彬，从深圳本土成长起来的"90后"创业者，获得香港科技大学知名教授李泽湘的支持和投资，创办的云鲸智能创新（深圳）有限公司连续四年登上胡润"全球独角兽企业榜"。

朱毅豪，香港城市大学博士，创办深圳市创冷科技有限公司，致力于无电制冷技术产业化，产品走俏中东、东南亚市场，获评"2023德勤香港明日之星"。

彭华军，香港科技大学光电显示专业博士，创办深圳纳德光学有限公司，在XR行业中率先开发具有"可调屈光度全画面高像质"特性的高性能近眼显示系统，是超高清晰近眼显示和XR头戴显示的行业领先者。

李思阳，香港理工大学博士，国奥科技（深圳）有限公司首席执行官及核心技术开发者，入选福布斯2020年度"工业制造、能源和环保"30岁以下精英榜。

李坤，香港中文大学博士，创办的深圳市声希科技有限公司入选2020年度"人工智能潜力50强"企业榜单。

他们都是充分利用深圳和香港双城优势的成功创业者，在粤港澳大湾区创业大军中成为耀眼的明星。

———

"用创新去利他，创业不是为了名闻利养，而是为了造福社会。"

张峻彬，云鲸智能创新（深圳）有限公司创始人、首席执行官，2023 年入选"深圳十大杰出青年"和《财富》杂志"中国 40 位 40 岁以下的商界精英"榜单。

云鲸智能创新（深圳）有限公司连续两年被评为中国科技机器人企业 50 强，连续四年登上胡润"全球独角兽企业榜"。

张峻彬：

坚持"利他性创造"

"6·18"是电商平台的年中狂欢节，作为国内智能清洁机器人领域的新锐品牌，云鲸智能创新（深圳）有限公司（简称"云鲸智能"）2024年6月18日交出了一份漂亮的成绩单：商品交易总额突破8亿元，同比增长93%；扫地机、洗地机交易总额涨幅排名第一，其中洗地机新品S2在天猫、京东、抖音平台行业首发排名第一。

云鲸智能成立8年，凭借过硬的品质与技术实力迅速成长为智能清洁机器人知名品牌，已经获得清水湾基金、明势资本、字节跳动、红杉资本和高瓴资本等投资机构的青睐和投资。作为云鲸智能的掌门人，张峻彬是从深圳本土成长起来的"90后"创业者，他充分利用深圳和香港的双城优势，把一家几个人的小企业发展成近2000人规模、年销售额约30亿元、服务全球300万用户的高科技企业。

| "做对社会有价值的事情能带给我快乐"

张峻彬出生于广东汕尾，8岁来深圳旅游时被深圳吸引了，后在父母的理解和支持下，他留在舅舅和舅妈身边10年，在深圳接受了小学和中学教育。

"我是一个幸运的人，舅舅和舅妈对我非常好，我的学习成绩也很好，从深圳实验中学保送到华中科技大学，再保送到上海交通大学机械工程及自动化专业读研究生。"张峻彬坦诚地说道。可能由于儿时不在父母身边，他只有通过不断努力才能有更多安全感，从小对自己要求就很严格。

　　张峻彬对深圳的创新教育称赞有加："受深圳浓厚的高新技术研究氛围影响，我从初一开始就跟着被评为'全国十佳优秀科技教师'的刘海峰老师做机器人，他对我的要求是做事一定要严谨、认真。有一次，我参加一场机器人竞赛忘记带起子，以至于很多零部件拼装不了。赛后刘老师严厉地批评了我，教导我做事的成败就在细节上，这让我日后养成了对产品细节要求特别严格的好习惯。"

　　进入高中后，张峻彬在刘海峰老师的启发下开始思考，做出来的东西对社会能产生什么价值。

　　"有一年，我们要做一个新项目，老师启发说'可以关注弱势群体'，然后就带着我们去残疾人学院，跟残疾人交流，了解他们遇到的问题，思考我们的创新工作能为他们做些什么。跟盲人孩子交流的时候，我发现盲人专用书本使用的凹凸字板大约有半米宽，显得很笨重，盲人孩子说要是有专门给盲人看的电子书就好了！于是，我们决定做'盲人阅读器'，后来这个项目在2006年获得了国际青少年奥林匹克机器人竞赛金奖。"张峻彬愉快地说，"在开发盲人阅读器的过程中我获得很多快乐，我发现自己通过创新和创造，能够给某一部分人群解决问题、创造价值，我强烈地感受到做对社会有价值的事情能带给我快乐。'我被需要'这种价值感是推动我战胜困难和怯懦的能量源泉。"

| 大学遇到良师确立人生目标

张峻彬在华中科技大学读本科期间，高亮教授对他的人生观产生了深刻的影响。2009 年"五一"期间，张峻彬发现高亮教授在加班，问他放假了为何不休息。高亮教授说："'五一'假期是我最舒服的时间段，没有人打扰，正好可以专心解决科研难题。""高老师告诉我不要去追求利益和名声，那只是做好事情后附带来的东西，千万不要弄错追求的目标。我一直铭记他说的这段话，而且也目睹了高老师凭借自身不懈努力，获得了腾讯公司授予的'科学探索奖'，当上了华中科技大学副校长。"

张峻彬被保送到上海交通大学读研，遇到了当时密西根学院院长黄佩森教授。黄教授要求学生所做的科研活动必须是真实的创新，科研成果对社会要产生新的价值。"这让我对创新活动充满了期待和勇气，一直坚持探索和创新。我研制出了一个全球首创的纳米级移动平台，被美国精密工程学会邀请在国际学术会议上作报告，2015 年获得了密西根学院特殊贡献奖、航天科工奖学金。"张峻彬认为自己是幸运儿，在大学阶段遇到了高水平的教授，他们的谆谆教导对自己日后创业有很大帮助。

"我想要什么样的人生？从高亮老师和黄佩森老师身上我看到了一种可能性，那就是用创新去利他，创业不是为了名闻利养，而是为了造福社会。巨大的商业机会存在于巨大的社会问题中。为了解决社会问题从事创新活动，从而创造出一番事业，这就是我想要的生活。"张峻彬决定成为一名科技创业者。

｜瞄准扫拖一体机器人启动创业

2015年夏天，张峻彬硕士毕业，他抱着试一试的心态，向香港科技大学李泽湘教授牵头的清水湾香港创业俱乐部投了一份自己的简历。

"李泽湘教授在智能机器人圈子非常有名，是非常有影响力的创业导师，我希望有机会加入他的创业俱乐部。没想到几天后竟然接到李教授助理打来的电话，说李教授看了我的简历要请我吃饭。我受宠若惊，因为李泽湘教授有'大疆教父'的美誉，在大疆的创业过程中起到关键作用，他对身无分文的科技创业者总是热心指导、大力帮助。他热衷于创业投资并不是为了赚钱，而是为了培养年轻的企业家。"张峻彬感觉自己再次被幸运之神垂青，获得了李泽湘教授的支持。

在得到李泽湘教授提供的20万元启动经费支持后，张峻彬来到香港科技大学的清水湾香港创业俱乐部孵化基地进行创业前期探索，与几位伙伴一起围绕创业的方向展开头脑风暴。他们当时提出了家庭服务机器人、医疗机器人、工业机器人、无人机表演、宠物陪伴机器人等多个方向，最终因为没有形成商业逻辑闭环而无法继续。伙伴陆续离开了，账面上也仅剩下1万多元。

"2015年10月，李教授带我们到了东莞松山湖XbotPark机器人基地，我们是入驻该产业基地的第一支创业团队。这个时候，我已经确定了要做扫拖机器人。第一代扫拖机器人J1的雏形其实是在这个最艰难的时刻诞生的。"张峻彬说，"如果把今天的我放在当年，我可能就选择放弃了，正是因为那时自己还很年轻，包袱轻，就无所畏惧、勇敢前行。没有钱，没有人脉，感情方面也不顺，我每天围着松山湖一口气骑行40公里，然后就专注思考如何做好扫拖机器人。"

彼时的扫拖机器人行业已是红海市场，但大多是借鉴国外吸尘产品，重视扫地不重视拖地，而且需要手洗拖布。张峻彬关注到中国家庭地板多是瓷砖或木地板，其实中国用户更需要的是拖地功能。所以，他就瞄准"拖地"这个痛点，决定去做一款市面上没有的、拖地功能强的革命性产品，做一款更符合中国家庭清洁习惯的扫拖一体机器人。

| "李泽湘教授是助我渡过难关的贵人"

2016 年 1 月，张峻彬拿出了扫拖机器人 J1 的样机，顿时让李泽湘教授眼前一亮，他决定再掏 200 万元支持张峻彬。2016 年 10 月，云鲸智能正式注册成立。最初的办公场地只有 20 平方米，团队就六七个人，每个人每月只领 1000 多元的工资，张峻彬和伙伴埋头苦干，直到 2018 年才拿出功能更完整的样机。

当产品"小白鲸"J1 成型，面临新产品的营销和推广，张峻彬最需要解决的问题是资金。2018 年底云鲸智能迎来了创业以来最重要的一次融资。

张峻彬平静地回忆起那段艰难的时光："为了融资，我频繁地到北京，见了四五十家投资机构，把能见的人都见了。北京下着大雪，我拖着沉重的行李箱，抱着新机器拜访一个个投资人。当时大家并不看好云鲸智能，没人愿意投资。我被投资人问得最多的一句话是'如果小米做了，你怎么办'。后面好不容易找到一家愿意投我们的机构，中途还跳了一半票，并提出了苛刻的投资条款。李泽湘教授在这个关键时刻站出来，补了一半的投资额，并且成为那一轮的领投方，把苛刻条款也去掉了。我是一个对产品有极高要求的人，但是我从来没有做过任何消费品的营销，所以我并没有百分百的信心。但一旦是我认准了的事情，我就一定要把它做下来。李教授就是看中了我身上的这股韧劲，在企业危难的时刻他伸出援手，帮助云鲸智能闯过了难关。"

｜用匠心打造智能洗地机爆品

云鲸智能是一家"技术为本"的高科技企业，张峻彬极为重视技术研发，对产品细节的要求甚至到了苛刻的地步。2019年，云鲸智能第一代产品扫拖机器人J1临上市前，突然决定延期发布，因为出现了一个产品细节问题——两块圆形拖布的中间会产生一条缝隙，拖地的时候会有一条线的位置可能一直拖不到。是按原定的时间上市还是推迟新品发布？这个问题摆在了张峻彬面前。

2019年，云鲸智能第一代产品扫拖机器人J1通过质检，张峻彬与团队合影

"我们A轮的融资花得差不多了，公司资金非常短缺，团队也默默坚持了3年，大家内心都期待产品早日上市。内部讨论的时候，团队有一半人反对上市，一半人支持如期上市，但我们最终还是决定必须解决这个问题再让产品上市。最后，我以个人名义向银行贷款了几百万元，将圆形拖布改为三角形拖布，产品推迟了3个月上市。对于云鲸智能这个初创企业来说，这是个重大且冒险的决策，但这就是我们企业的基因，不放过每一个产品细节。毫不夸张地说，创业是孤注一掷的，一旦决策失败就会功亏一篑。如果2019年扫拖机器人J1上市的时候没办法得到市场认可，那我们企业肯定活不下来，我个人还会背负一大笔债务。"张峻彬的脸上透出一抹坚毅的神色。

2019年4月，云鲸智能带着首代产品扫拖机器人J1上线美国众筹网站Kickstarter，并以114万美元的众筹金额收官，早鸟价更在11分钟内售罄，众筹金额在扫地机器人中位居第一。这是全球首款能够自动清洁拖布的扫拖机器人，凭借颠覆性的创新，斩获美国爱迪生发明奖，也被《时代》杂志称为"改变人们生活的发明"。云鲸扫拖机器人J1由于独具匠心、功能实用，在市场上屡创佳绩：2019年"双11"在国内上市首日，销售额即突破千万元；2020年"双11"，单日销售额破2亿元，在天猫生活家电类目排名第一；2021年"6·18"开售首日，9分钟销售额破亿元。

像这样以匠心打造完美产品的故事，在云鲸智能发展史上举不胜举。云鲸智能研制第一款洗地机S1时，足足花了20个月精心打磨，并且打破了很多行业常规设计。

"举个例子，我们在前期调研中，发现家庭中低矮区域的清洁盲区是一个尚未被解决的用户痛点。虽然当时市面上的洗地机有多种不同的设计方案来解决这个问题，但是用户在实际使用中还是经常遇到'槽点'，比如，机器躺平后无法灵活扭转、躺倒后导致污水回流。我们研发团队在前期做了很多轮的方案验证均没能达到预期。于是，我们紧急成立了几十人的攻坚小组，在一个多月的集中攻关下，为了这个行业内几乎无人能解的问题自研了气固液主动分离技术。"张峻彬说起技术就会滔滔不绝，"又如，洗地机 S1 的污水箱固液分离设计，研发团队也花了两三个月去做，单是在设计阶段就迭代了 20 多个版本，之后在量产阶段由于工艺复杂、制造难度大，甚至还自己开发制造了相应的设备去进行自动化生产。"

付出的汗水和辛劳，终将化作丰硕的收获。云鲸洗地机 S1 上市后，受到业内人士和用户的一致认可，无论清洁效果还是操控体验都非常好。云鲸智能首款洗地机 S1 于 2023 年 5 月推向市场，同年"6·18"期间在天猫 2000~3000 元价位段洗地机新品销售中位列第一。

云鲸智能参加 2024 年中国家电及消费电子博览会

| 扎根深圳放眼全球跃升为行业龙头

云鲸智能是在东莞注册成立的，2020 年底搬迁至深圳，招募了大量软硬件技术人才扩充核心产研团队，进一步完善管理体系。云鲸智能从不到 200 人扩大到千人规模，产研人员占比 43%，核心人员来自苹果、微软、艾默生、大疆、华为等国内外知名企业。

2022 年，云鲸智能发展势头迅猛，位于深圳市南山区的办公场地分散在四五个地点，这让张峻彬感到很不方便。他向南山区领导反映情况，希望能有一个场所集中办公。这一诉求得到了南山区的大力支持，以最优惠的价格提供了南山云科技大厦的 5 层楼给云鲸智能办公。张峻彬感到非常振奋："我们所有的部门可以集中在两万平方米的办公场所里面，办公效率空前提高，租金的大幅降低也使得我们能把更多资金投入到研发生产中，助力企业腾飞。总部搬到深圳之后，云鲸智能扩大到近 2000 人，2025 年的营收有望达到 50 亿元。"

在张峻彬眼里，深圳是云鲸智能的起飞福地。2023 年云鲸智能参加深创赛并晋级半决赛。通过参赛，一方面，云鲸智能可以向深圳市科技主管部门申报创业资助，加大企业研发资源投入；另一方面，云鲸智能得以和许多优秀的创业公司同台竞技，在竞争中学习先进经验，开拓创新视野，并且获得很多产业链和资金链的优质资源，更好地运用到企业的经营中去。

深圳是一座国际化的城市，从这里走出来很多国际知名的科技企业。张峻彬来到深圳后加速了云鲸智能的国际化布局，在香港设立了销售分公司，在公司总部的国际市场部迅速招兵买马，果断出击海外。

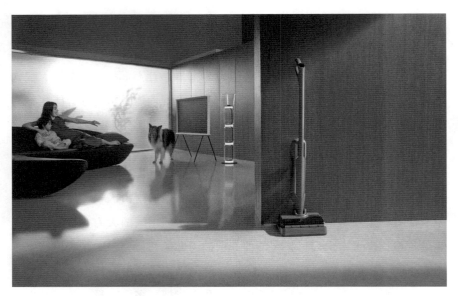

云鲸智能洗地机产品 S2

云鲸智能特别注重技术研发与当地市场用户需求的结合。比如，海外家庭常常养有宠物，以及有很大面积的地毯，此前同类扫拖机产品可能存在体验不佳的情况，针对这些场景，云鲸智能快速推出了防缠绕滚刷、地毯模式等功能，赢得了海外用户的一致好评。截至 2024 年 7 月底，云鲸智能海外业务营收同比增长近 7.5 倍，海外销售的国家和地区从 2023 年同期的 9 个拓展至 30 多个，新增了意大利、瑞典、荷兰等多个国际市场。其中北美、韩国市场增长较快，在 2024 年第一季度取得了美国亚马逊高端市场占有率第一、韩国中高端市场占有率第二的好成绩。

作为一家机器人创新企业，云鲸智能坚持自主创新，持续投入三维感知、AI 大模型、双目视觉技术、大数据应用等多个领域的研发工作，并在多个方向取得突破，累计专利申请超过 1200 项。云鲸智能凭借过硬的研发实力，不断刷新业界新技术、新工艺、新体验标准的首发纪录，成为扫拖机器人领域的技术革新引领者之一。

　　站在云鲸智能展厅，面对着从第一代扫拖机器人 J1 到洗地机 S2 等多款产品，张峻彬语气坚定地说："我的人生享受利他的结果，享受创造的过程，利他性创造是我自始至终坚持的方向。"他的眼睛里有产品的"光"，话语里有商业的"道"，令人相信他领导的云鲸智能终有一天会成为一家伟大的企业。

———

"如果一项研究永远只停留在实验室和论文层面，是没有意义的。只有通过产业化应用，才能对这个社会产生正向改变。"

朱毅豪，深圳市创冷科技有限公司联合创始人、首席执行官，入选 2024 福布斯中国 30 Under 30 榜单。

-

深圳市创冷科技有限公司获 2023 前海粤港澳台青年创新创业大赛企业成长组金奖、第十五届中国深圳创新创业大赛优秀奖，获评"2023 德勤香港明日之星"。

朱毅豪：

无电制冷技术从湾区走向全球

　　2024 年 5 月，深圳市创冷科技有限公司（简称"创冷科技"）获得亿元级 A 轮融资，投资方为中信资本控股有限公司旗下的信宸资本以及彼岸时代科技控股、香港中华煤气，多家老股东跟投。在 2024 年上半年私募股权投资市场整体出资不足、出资金额大幅下降的背景下，创冷科技的投资机构阵容可谓强大，在投资界传为佳话。

　　才成立短短几年的创冷科技，为何能受到诸多投资机构的追捧且能在多个创新大赛上获奖？究竟是怎样的掌舵人，能让一家初创企业迅速成长为扬名海内外的科技明星？

　　创冷科技 CEO 朱毅豪是一名"90 后"创业者，拥有博士学位的他身上有浓浓的书卷气。"我们的无电制冷技术是从香港城市大学走出来的科研成果，通过香港对接全球市场，在中东、东南亚等地区获得落地应用，如今内地需求也大幅增加，相信我们未来可以为全球节能减碳、应对气候变暖做出更多贡献。"

▎受银蚁启发研制无电制冷新材料

　　"沙漠炎热环境中，银蚁表皮的特殊毛发结构，既能帮助隔绝外来热量，还能够将体内热量转变为中红外辐射，通过大气红外窗口发射到外太空，实现自身冷却。"朱毅豪介绍道，"受银蚁的独特毛发结构启发，创冷科技团队通过深度融合材料科学、光学和传热学原理，自主研发多组分多尺度纳米颗粒材料，达成高效的太阳光反射和通过大气窗口的中红外辐射，太阳光反射率和中红外辐射率均高达95%，有效抑制热量吸收并促进热量释放，实现无需外部电源和制冷剂的零能耗制冷。该材料对建筑及设备表面的降温效果极为明显，最高可以让表面温度下降40摄氏度。"

出生于1994年的朱毅豪本科就读于华南理工大学，2018年到香港城市大学能源及环境学院研究新材料，曹之胤教授课题组当时正在从事无电制冷技术的研发与攻关，主要是解决成本高昂的问题。

朱毅豪说："最初，10平方厘米大小的无电制冷材料成本需要2万多港元，如此昂贵的材料是无法大规模推广应用的。由于之前采用的是银等贵金属作为原料，我们要不断优化材料的配方与内部结构，采用无机的纳米颗粒代替贵金属，而且要使其光学性能和降温效果都优于贵金属。2022年上半年，材料成本已经大幅下降，这个时候，我们决定进行产业化推广。我认为，如果一项研究永远只停留在实验室和论文层面，是没有意义的，只有通过产业化应用，才能对这个社会产生正向改变。"

香港城市大学于2021年3月宣布投放5亿港元推出大型创新创业计划"HK Tech 300"，旨在3年内协助有志创业的香港城市大学学生、校友，成立300家初创企业，以建立亚洲领先的大学创新创业计划。

在这个计划下，朱毅豪与其导师曹之胤教授联手注册成立了创冷科技，准备将"黑科技"无电制冷材料推向产业化，助力全球可持续发展及碳中和目标实现。

｜ 热心公益事业实现儿时的梦想

2022 年 7 月底，即将博士毕业的朱毅豪在美国参加学术交流会期间，无意中看到一篇新闻报道，香港深水埗一个住在楼房顶层的劏房[1]家庭，由于室内温度太高，子女在生活、学业等方面出现了严重抵触情绪。

朱毅豪儿时也是住在广州一栋 8 层楼的顶楼，由于隔热层隔热效果不好，夏季备受高温的折磨，即使把空调的温度设置为最低，也无法把温度降下来。他儿时最大的梦想就是希望能研制出一种新的制冷材料解决居室的高温问题，而今看到新闻中顶楼劏房户受高温的困扰，他顿时感同身受，仿佛看到童年时痛苦不堪的自己。他决定为这个劏房家庭做点什么。

他返回香港后，立即通过香港民政事务总署联系到了新闻中的当事人谭女士，开展公益性协助，将无电制冷材料涂覆在劏房楼面，最终降温效果十分明显，该住户每月还能节约电费数百港元。这不仅改善了居住环境，还实实在在地减少了家庭支出，受到谭女士一家的极大赞赏。

这个公益项目带给朱毅豪很大信心，他看到科技成果的产业化能切实帮助用户解决生活中的困境，决心帮助更多的人。在多家机构的支持下，创冷科技一年内为深水埗 9 栋劏房顶层涂覆了无电制冷材料，并计划再增加到 30 栋楼，造福更多劏房住户。2024 年 6 月，创冷科技与繁荫堂、旭柔计划联合发起"荫凉益夏"公益行动计划，在全球范围征集 10 个项目，为全球多个受极端高温天气影响的公共社区涂覆创冷科技无电制冷涂层，免费帮扶弱势社区，以简单且易实施的无电制冷材料，改善居住环境，提

---

[1] 一种在香港普遍存在的住宅类型，即将一个普通住宅单位分割成两个或多个较小的独立住宅单位，用作出售或出租之用。

创冷科技、繁荫堂、旭柔计划联合发起"萌凉益夏"公益行动

升公共环境舒适度，让技术成果惠及更多人群。

朱毅豪坦诚地说："不是创业成功之后才能做公益事业，而是要一边做公益，一边做商业化推广，这能给团队带来更多的正能量。我最初对创业并没有特别坚决，但自从帮助劏房住户改善了居住环境、节约了电费，我就认为加快商业化推广，会让更多人从科技成果中获得更幸福的生活，因此在这之后，我加速推进了企业的运营工作。"

一项新材料是否真正有效，需要鲜活的案例来说话。以深水埗公益涂覆项目为例，预计节约用电成本数十万港元，减少 100 多吨二氧化碳排放量，相当于植树 10000 多棵，在真正意义上实现了绿色可持续发展。

公益应用：香港深水埗公益涂覆项目

| 借"一带一路"东风 "黑科技"走俏中东

2022年12月，香港贸易发展局邀请创冷科技参加香港会议展览中心的"创业日"展览，并邀请了海外买家VIP客户组团前来观展。朱毅豪第一次带领团队参展，没想到在展会上幸运地结识了第一个重要客户。

"在参观的企业团中，有一家是菲律宾建筑材料代理商，他经过对我们产品性能的详细了解，当场下了一个100万港元的订单采购无电制冷涂料，这是我们拿到的第一个海外订单，给团队带来巨大的信心，而且，这个客户之后又陆续下了700万港元的订单。"朱毅豪说。

创冷科技开拓中东市场的过程也同样充满惊喜。2022 年底，阿布扎比酋长皇宫率先采用了创冷科技的无电制冷产品，觉得制冷效果很好，阿布扎比王子就主动申请成为创冷科技的阿联酋代理商。全球第二大地产投资商伊玛尔地产（Emaar Properties）看到朱毅豪接受采访的相关英文报道之后，邀请创冷科技参加"伊玛尔地产可持续及循环经济挑战赛"，这个大赛吸引了全球 200 多家企业参与角逐。

"2023 年大年初一，我乘飞机去迪拜参加比赛，当宣布创冷科技获得冠军时，我感到十分惊喜！后来，伊玛尔地产还给了我们一个大订单——为迪拜购物中心外墙覆盖无电制冷材料。"朱毅豪回忆道。

乘着"一带一路"的东风，创冷科技积极寻找合作机会，开拓全球绿色环保节能减碳业务，推动更多国家和地区迈向碳中和。目前，创冷科技的产品已先后在菲律宾、新加坡、马来西亚以及中东等地区落地，2024 年海外订单总数已经达到数千万港元。

他说："由于许多'一带一路'共建国家气候炎热，对制冷技术的需求特别大，无电制冷技术在这些市场有巨大的发展潜力。"

| 金奖得主引得投资机构伸出橄榄枝

朱毅豪创业起步资金来自香港城市大学的"HK Tech 300"计划，2021 年获得 10 万港元种子基金，将学术研究转化为实际应用；2022 年又获得 "HK Tech 300"给予的 100 万港元天使基金，同年获得总部位于深圳的投资机构国宏嘉信给予的 800 万元人民币天使轮投资。

2023 年，创冷科技完成了 Pre-A 轮与 Pre-A+ 轮数千万元融资，主要投资机构包括香港 X 科技基金、清水湾基金、硅港资本等。2024 年上半年完成了 A 轮近亿元融资，主要投资机构有信宸资本、彼岸时代、香港中华煤气等。

朱毅豪坦言："除了有财务投资机构，更多的是产业投资机构，他们不仅给钱，还带来了很多市场资源，让我们获得了一些大订单，这是我们感到荣幸的地方。"

创冷科技之所以成为资本市场上的宠儿，主要还是靠自己拥有过硬的技术。2023 年 3 月 28 日，由香港中华煤气有限公司与国家电力投资集团联合发起的主题为"寻找零碳科技新力量"的第二届 TERA-Award "碳汭未来"智慧能源创新大赛颁奖典礼在香港举行，创冷科技的"无电制冷技术"项目摘得奖金 100 万美元的金奖。此次获奖后，创冷科技很快获得多个订单，比如，给煤气储罐涂上降温材料，在恒基兆业地产集团旗下的商场楼宇屋顶涂覆降温材料。这些场景的应用让中华煤气看到了创冷科技的无电制冷技术确实能提供长期节能降温方案，增进民生福祉，于是果断决定参股创冷科技。

无独有偶，作为 A 轮投资机构的彼岸时代，是新华联集团旗下的投资机构。而新华联集团涉足文旅地产、石油、化工、陶瓷等多个产业，因此对储油罐、建筑外墙覆盖制冷材料的需求也很大。

"还有的投资机构表达了投资意愿，但我们 A 轮需要的资金有限，这些机构就被挡在了门外。"朱毅豪略带遗憾地说，"但他们积极地介绍客户给我们，包括台湾地区的建材商、地产企业，我非常感激投资机构对我们的信任和支持。"

| 不遗余力推进产品创新

建筑大厦顶楼使用制冷涂层之后降温效果明显，有地产商提出如果能研制出制冷涂层覆盖到玻璃幕墙上，那对整栋大厦的降温效果将更有帮助。于是，创冷科技继续研发，随后开发出无电制冷膜，让玻璃幕墙具有制冷效果，显著减少空调制冷的需求，实现长期节能效果。

无电制冷膜是创冷科技从用户端吸取灵感，不断推陈出新开发出的产品。而无电制冷陶瓷材料的诞生则来源于一名公务员的宝贵建议。2023年初，香港民政事务总署工作人员在陪同朱毅豪给深水埗㓥房涂覆无电制冷涂层时，无意中说了一句话："如果制冷涂层能用在地面就好了，因为香港高层建筑密集，空气不流通，柏油路和水泥路更容易吸热和散热，人口密度大的社区里热岛效应尤其明显，如果能在地面铺设制冷涂层就能降低温度！"

说者无意，听者有心。朱毅豪暗暗记在心里。2023年11月，创冷科技开发出了无电制冷陶瓷材料，多级多孔结构的无电制冷陶瓷具有优异的光学效果，可以有效缓解热岛效应。

创冷科技团队围绕用户的需求，陆续开发出无电制冷纺织品、制冷车漆等一个个新产品，应用到更多的场景中，实现零能耗制冷。

朱毅豪说："在现有技术下，如果在配电设施上使用无电制冷涂料，可使得城市电网压力大大减小。特别是在夏季，空调用电成本可以节省10%~40%。我们期待与政府、电力部门广泛合作，将相关产品应用到更多场景中。"

| 立足河套展现双城创业活力

创冷科技最早是在香港科学园注册成立的，为了进一步拓展市场，2022 年 3 月，在深圳注册了深圳市创冷科技有限公司，2022 年秋天正式运作。

"深圳公司设在位于河套深港科技创新合作区的香港科学园深圳分园，拥有 300 多平方米办公场地，政府给予租金补贴。在福田区'人才日'，政府部门组织我们到展会上'摆摊'收简历，帮助我们招揽到不少人才，生产、物流、行政、财务、营销各方面的人才都有。现在深圳公司有 60 多名员工，主要负责内地市场和生产控制，香港公司 20 多人，主要负责研发和拓展海外市场。"朱毅豪十分青睐深圳的创新创业氛围。

面对内地广阔的市场，朱毅豪看到无电制冷材料有许多用武之地。过去，创冷科技在香港的业务主要应用在建筑、化工、新能源等行业，内地的市场需求则五花八门。传统粮仓隔热效果不佳，如果给粮仓外表涂覆无电制冷涂层，则可以降低粮仓内部温度，减少制冷能耗，保障粮食储藏质量。电力通信领域也广泛需要制冷材料降温，比如，控制柜、机房、户外机柜、通信基站等。在物流领域，制冷材料可以用于物流储存仓库外墙和冷链车厢，减少燃油驱动的制冷设备能耗，保障食品和药品在运输和储存过程中的安全。在光伏发电领域，制冷材料能够大幅缓解光伏热增益问题，提高能源转化效率，可以使光伏发电量提升 3%~8%。

只要心中有梦、眼中有光、脚下有路，就能书写属于自己的辉煌篇章。朱毅豪对未来充满憧憬："创冷科技已在全球范围内落地 200 多个辐射制冷项目，覆盖近 30 个国家和地区。我期待把节能技术带到全球更多地方，以技术进步推动社会持续向好。"

"创业就是一场长跑，比拼的是耐力和韧劲。"

彭华军，深圳纳德光学有限公司创始人、董事长。

深圳纳德光学有限公司获第九届中国深圳创新创业大赛罗湖区赛暨罗湖区第一届大梧桐创新创业大赛企业组优秀奖，入选专精特新"小巨人"企业名单。

彭华军：

十年磨一剑跃升"小巨人"

2024 年 12 月 14 日，香港科技大学 2024"十大准独角兽"榜单发布，深圳纳德光学有限公司（简称"纳德光学"）成功上榜。而在此之前，纳德光学已入选工业和信息化部发布的第六批专精特新"小巨人"企业名单。

纳德光学创始人彭华军，凭借"十年磨一剑"的韧劲，带领企业在 XR（扩展现实）领域积累了技术创新实力并塑造了品牌影响力。然而，鲜有人知的是，彭华军曾经遭遇第一次创业的"滑铁卢"，甚至有过轻生的念头。他是如何从一名失败的"冲动型创业者"，成长为专精特新"小巨人"企业的掌舵者的呢？

｜ 第一次创业遭遇 "滑铁卢"

1999 年，从南开大学硕士毕业的彭华军来到香港科技大学读博，研究领域是屏幕显示技术，师从先进显示与光电子技术国家重点实验室主任郭海成教授。博士毕业后，彭华军在香港应用科技研究院从事了 3 年的显示系统研发工作。

2008 年底，彭华军离开香港来到佛山南海，在广东中显科技有限公司担任生产技术总监,建设广东省首条低温多晶硅 AMOLED(有源矩阵有机发光二极管)生产线,负责厂房建设、团队组建、生产线安装调试、样品研发等。虽然工作繁杂琐碎,但在生产一线的锻炼让他积累了丰富的经验。两年多后,彭华军决定自己创业。然而,他万万没有想到这次创业会以失败告终。

"2011 年 4 月,我来到广州萝岗创业,创业项目是手机屏模组,而最终目标是做屏幕研发。当时想当然地认为从模组做起能离终端市场更近,有利于给屏幕的开发提供精准的市场引导,但由于手机产业的供应链和市场都以深圳为中心,我的公司选址没有靠近供应链,因而管理效率很低,利润也薄,苦苦支撑了一年多,最终公司停止了运营。"彭华军回忆起首次创业的惨痛经历,"第一次创业失败后,内心非常痛苦,感觉浪费了时间、精力和积蓄,我问自己为什么贸然去做门槛如此低的事情。后来通过反思领悟到,是由于当初选择的创业项目社会价值不够高,门槛低,竞争白热化,造成经营困难。这次创业失败,对我个人的打击很大。"

幸好时光可以冲淡一切,彭华军意识到不能纠结于过去的失败,在家人、朋友的支持和鼓励下,逐渐走出了创业失败的低谷。2012 年底,他从广州来到深圳,在信息显示领域从打工起步,做了一段时间技术支持与服务的工作。2013 年 11 月,彭华军进入深圳市长江力伟股份有限公司(简称"长江力伟"),担任市场负责人。

| 选择高门槛行业再次创业

"虽然第一次创业失败了，但我一直想找机会再次创业。因为我觉得自己读书读到博士，学了很多专业知识，而一个人能力越强，就意味着责任越大。可以说，承担更多的责任，是我再次创业的原始驱动力，我希望能用所学的知识做更多有意义的事情。"彭华军坦诚直言。

2014年6月，彭华军离开长江力伟的时候，谷歌和脸书（Facebook，后更名为"Meta"）两家巨头做了头戴近眼显示产品，他认为第二次创业的机会来了。"无论他们做得好不好，至少教育了市场，让消费者有了一个概念：头上戴一个显示产品，可以呈现出不一样的画面。"彭华军认为这是一个很好的创业机会，头戴显示产品的核心技术在于显示芯片和光学，具有很高的技术门槛，而他过去十余年的积累就是在这两个方面，因此第二次创业瞄准了头戴显示行业。

再次出发，他不再是"冲动型创业者"，思想更加成熟，在决定创业前做了充分的市场调研。他对比了索尼等巨头推出的头戴显示产品，发现一些硬伤。比如，戴近视眼镜的人群无法使用，产品价格极高。他认为自己有能力做得更好。"我长期从事各种信息显示器件和应用的基础研究，对平板显示、微显示以及近眼显示光学技术与产业链有着深刻的理解，于是我决定在深圳创办一家专门做头戴显示设备的公司。"

2015年1月，纳德光学在深圳市南山区一间20平方米的办公室里低调开张了。当时，彭华军没有随波逐流，而是选择暂时放弃概念火爆的移动VR（虚拟现实）和VR一体机，致力于打造一款头戴智能视频眼镜，核心点是解决产品佩戴舒适度和画面清晰度的问题，这成为纳德光学的头戴显示产品GOOVIS G1一推出就一炮走红的关键所在。

2016 年，纳德光学第一台头戴显示产品下产线

｜ 喜获投资者青睐越战越勇

2015 年 11 月，纳德光学第一次参加高交会，展位面积不足 2 平方米，但第一代样机——移动 3D 巨幕影院一亮相，就被不少体验者评价为"全场最清晰的眼镜"。

松禾资本的合伙人在展会后主动联系纳德光学体验样机，了解到彭华军毕业后一直从事信息显示领域前沿工作，深耕光学显示技术多年，是行业内为数不多的拥有"学、研、产、商"完整经历的复合型创业者，对 XR 行业的底层核心技术和产业链生态理解颇深，于是决定投资彭华军的团队。在此之前，纳德光学成立之初就已获得微纳点石、合江投资等机构和个人的天使投资。松禾资本的这轮投资为纳德光学持续创新注入了资金血液，而且在松禾资本的帮助下，纳德光学搬入了深港产学研基地办公。

2016 年 1 月，彭华军携第二代移动 3D 巨幕影院样机到美国硅谷，参加第六届北美高层次人才创业大赛，经过多轮竞赛，最终进入六强，获得二等奖。在大赛上的路演环节，彭华军赢得了评委之一的武岳峰资本合伙人的青睐。在对公司深入了解后，武岳峰资本决定投资 500 余万元。与此同时，纳德光学还获得了另一家知名创投机构——朗玛峰创投的投资。到 2016 年年中，纳德光学就获得了过千万元的 Pre-A 轮投资。

"这些投资为纳德光学的技术持续创新提供了宝贵的资金支持，而且投资机构会给我们对接产业链资源，这让我们节约了大量的时间和精力，加速了企业的发展。"彭华军感激地说，"2016 年，我们从深圳市科创委拿到了创业资助 80 万元，那时我们还没有任何销售收入，只有十几个人，申请了几项专利，这笔创业资助对我们来说是雪中送炭。"

彭华军给自己的定位是"产品经理"，他带领团队精益求精地打磨产品细节，一定要把产品做到尽善尽美才推向市场。2016 年 11 月，纳德光学头戴显示产品获"创业之星"中国新媒体创业大赛 VR 专场二等奖。2017 年 4 月，在中国电子信息博览会（CITE）VR/AR 开发者应用分享峰会上，彭华军获得"中国十大 VR 人物"称号，公司旗下产品 GOOVIS G1 获"中国十大 VR 硬件"殊荣。

GOOVIS VR 头戴显示器在京东和天猫等电商平台的畅销榜上名列前茅，并已经在美国、日本、澳大利亚和欧洲的市场中占据一席之地，还获得了德国 iF 设计奖、红点设计奖和美国缪斯设计奖。

| 好产品切入行业应用大市场

2023 年，彭华军在香港电子展上迎来了一位医疗器械服务商江先生。香港的一些医生在寻找头戴 3D 显示产品用于手术辅助，但找到的各类产品都不合适。纳德光学在近眼显示方面技术领先，清晰度高，江先生慕名而来，并向彭华军提出了手术医生近眼显示的需求。彭华军在一个月内就交付了改良版 3D 显示产品，这让江先生惊喜万分。医生佩戴此款头戴 3D 显示产品做手术，不仅能提高手术的安全性，而且增加了手术过程的便捷性。很快，纳德光学针对医疗行业推出了 GOOVIS 超高清晰双目 3D 近眼显示产品，现已成功应用于手术机器人和外科手术辅助、腹腔镜手术、显微手术、3D/4K 医疗内窥镜等医疗场景，为手术医生提供高清晰、无畸变的大画面，显著提高手术精准度和成功率。

像这样慕名而来寻求合作的行业用户络绎不绝，纳德光学的产品也从观影娱乐场景进入医疗、无人机操控、巡检、工业检测等多个领域。彭华军介绍，针对不同的行业用户，纳德光学采取不同的合作模式。比如，GOOVIS 系列头戴显示产品可以连接无人机秒变航拍大屏，有效解决户外航拍时遥控器屏幕反光及屏幕小等问题，提升航拍操控的准确性和安全性。针对无人机行业，纳德光学与知名无人机企业合作，提供核心光学模组，其产品清晰度高、坚固耐用，十分受欢迎。

"2024 年对于纳德光学来说是一个很重要的时间点，一是产品线更丰富，二是在医疗、低空经济、模拟训练、视觉健康这些对高清晰度显示有要求的领域实现了突破。"彭华军介绍，目前公司设备年销售量约 2 万台，其中消费市场和细分应用市场的占比接近 6：4。特别是在 2024 年第四季度的"双 11"期间，GOOVIS 各类产品销售额同比增长 80%。

彭华军向参观者介绍纳德光学头戴显示产品

2024 年金秋，美国纽约时代广场纳斯达克大屏上，深圳一批制造业优势企业精彩亮相。这是由深圳市市场监督管理局牵头，会同市工业和信息化局、市委宣传部、市委外办共同组织实施的主题为"美好生活 深圳制造"的海外大屏广告宣传活动。纳德光学 GOOVIS 作为 XR 硬件的代表品牌，在"世界的十字路口"，与深圳多家优秀制造业企业一起，向全球展示深圳先进制造"硬实力"。面对华丽的巨幅广告牌，彭华军很激动，走过漫长的创业道路，他认为过去战胜的所有挫折和困难都是值得的："从当初脑海中的想法雏形，到现在成为被市场认可的科技公司，这个过程带给我巨大的满足感。"

创业就是一场长跑

彭华军自主创业两次，第一次以失败告终，第二次则一直走到今天。第二次创业选择的赛道充满了挑战和风险，随着 VR 热潮退去，一大拨相关的公司也纷纷倒下了。但由于有了以前的创业经验，相较过去彭华军在做产品的时候会比较聚焦，发展节奏更加稳健，这也是他为何能坚持到今天的重要原因。

他说："创业就是一场长跑，比拼的是耐力和韧劲，我们选择的赛道足够长，即使失去了一个机会，未来一定还有新的机会，所以我主张宁愿错过，也不要因为一时冲动而陷入泥潭。对笃定的方向，我们会持续耕耘，相信终会有收获。我们不会'大干快上'，不会跟风出很多东西，今天一个、明天另一个地去吸引眼球。我们侧重于练好基本功，打好基础。我精益求精的态度和面对专业知识的严谨认真，与在香港科技大学受到的训练和影响密不可分。一个新产品刚出来，没有标准的时候，你需要去思考什么是标准。我认为，用户的需求体验就是标准。我们研发的产品，一定要有很强的创新性，为了解决技术难点，我们会死磕到底，做到最好。"

"比如，头戴显示产品实现近视调节并不难，但是要把这个功能做好、做准就非常困难。"彭华军解释道，"调节的度数要准确，调节后的图像质量要能保持，两只眼睛可以分开调节，用于调节的结构不能占用太大体积，要长期稳定可靠，这些都是很精细的事情，要一个一个地去解决。"

2021年12月，纳德光学获第四届人民网内容科技创业大赛全国总决赛二等奖。2023年4月，纳德光学凭借"一种头戴显示器"发明专利获中国专利优秀奖。2024年9月，纳德光学入选专精特新"小巨人"企业名单。所有的荣耀都是建立在脚踏实地自主研发的技术基石之上的。彭华军说："截至2025年3月，纳德光学已在国内外申请160多项核心技术专利，超过一半为发明专利和PCT（专利合作条约）国际专利。"

在彭华军眼中，创业是九死一生的事情，不要以为教授不会成为"白骨"，不要以为博士就不会破产，只要选择创业就有各种可能性。即使创业充满风险，他仍十年如一日地走在创业的道路上。他认为自己坚持创业突破了三个关键点："一是想清楚创业的初心，不是为了创业而创业，而是想要成就什么有价值、有意义的事情，这是内生动力的支撑。二是有韧劲，遇到各种各样的困难，要'弯'得下来，要'回'得去，不能得意忘形，也不要'失意忘形'。三是要多人同行，创业者是相对孤独的，但是创业是需要大家一起做的事情，创业者要带头，同时也需要借助团队的智慧和力量。"

彭华军与员工一起讨论产品的研发设计

纳德光学的展厅里，陈列着公司自创立以来研发的多个型号 GOOVIS 头戴显示产品。彭华军演示着最新的头戴显示产品，语气笃定且自信："我们将立足粤港澳大湾区，继续拓展国内外市场，争取在未来 3 年里登陆资本市场，让企业发展迎来更高的起点。"对彭华军来说，在深圳这片创业沃土上，梦想正照进现实。

———

"内心不够强大的话，是无法面对无数质疑声
的，创业者必须对自己的产品无比坚定。"

李思阳，国奥科技（深圳）有限公司首席执行官及核心技术开发者，入选福布斯2020年度"工
业制造、能源和环保"30岁以下精英榜。

—

国奥科技（深圳）有限公司获第八届中国创新创业大赛先进制造行业总决赛初创组优秀企业奖。

李思阳：

打磨尖端产品赢得华为青睐

2022 年，香港理工大学建校 85 周年，研究生院举办了首届"杰出研究生校友奖"评选活动，国奥科技（深圳）有限公司（简称"国奥科技"）创始人兼 CEO 李思阳博士与其他四位香港理工大学校友同获此项殊荣。

在回顾自己的创业历程时，李思阳感慨地说："在创业的头三年，每一天都可能是企业的最后一天。我们的创业初衷是要改变中国先进制造业对进口设备长期依赖的状况，攻克制造核心难题。我们拥有很强的使命感，就是这种不服输的精神，支撑着我们走到了今天。我们精心打磨出优质产品，赢得华为的青睐，也由此打开了市场的突破口。"

｜凭硬实力成为华为独家供应商

李思阳对创业历程的回顾从最高光的时刻讲起："成为华为车轨级 IGBT（绝缘栅双极型晶体管）封测线的核心部件独家供应商，是国奥科技成长路上一个重要的转折点。"

2021 年 7 月，李思阳接到来自华为半导体设备硬件研发负责人的电话，对方说从媒体上看到国奥科技在自主研发高精度直线旋转电机，想实地考察一下，如果国奥科技的产品不错，就有机会引入华为的供应链。李思阳一听感到有些振奋，爽快地答应可以接受考察。

李思阳说："华为此前已经在国内寻找了一圈，没有找到合适的高精度直驱电机供应商，因此找到我们的时候，也是抱着试试看的心态，没想到我们的技术方案很成熟，能够大大提高设备内部的空间利用率，且带有力度闭环控制，力控精度更高，可实现微米级位置反馈，运动速度大幅提升，确保设备满足先进工艺需求，可满足半导体精密器件、微电子元件在有限空间组装对定位精度的苛刻要求。而且，我们给华为提供24小时随叫随到的贴心服务，双方的配合非常高效。"

在等待华为验证结果期间，华为项目负责人问李思阳："你们公司发展有没有困难？"李思阳有点心虚地回答："目前还应付得过来。"这位负责人掷地有声地说："你们要实事求是，也不用过分担心，你们是被华为选中的技术与团队，你们行也行，不行也得让你们行！"

李思阳感激地说："这句话体现了华为作为大企业的担当，给了我们足够的底气。华为的认可让我们在行业内打出了名气，也迅速打开了市场。"

经过华为项目组的实地考察、方案筛选和评审、方案设计等多个环节评估，国奥科技终于凭借过硬实力得到了华为的认可，2022年1月实现批量供货，成为华为车轨级IGBT封测线的核心部件独家供应商。

供货期间，发生了一个紧急事件，为了不影响生产进度，国奥科技紧急决定连夜把所有物料、仪器和工具从沙井园区拉出来，装了两卡车，送到位于客户公司附近的一家酒店，并派出8名工程师，在酒店加班加点一个星期，组装了30台高精度直线旋转电机，按时交付给华为的半导体封装生产厂。

"华为能选中我们，非常意外，但这也是因为我们有多年的技术积累，让我们有能力抓住这个宝贵的机会。"李思阳总结道，"商场如战场，在关键时刻要敢于亮剑，用自己的硬实力去赢得客户的信任，我们的过硬技术和周到服务是成为华为独家供应商的两个关键因素。"

| "创业同伴的坚守给予我巨大的勇气"

电机产业涉及电力电子、电磁学、机械工程、自动化等多个学科，而且属于相对传统的赛道，在传统行业里做创新是难上加难的事情。那为何李思阳会选择高精度直线旋转电机创业呢？

这要从李思阳所学的专业说起。李思阳2013年从华南理工大学电子信息专业本科毕业，顺利进入香港理工大学电机工程学系读硕士，2015年开始攻读博士学位。他的导师是被誉为"香港电动车之父"的香港理工大学电力电子研究中心主任郑家伟教授。

"在香港理工大学求学的五六年里，我都在做创新型电机技术的研究。郑家伟教授拥有全球视野，在技术路线的判断和选择上给予我巨大的启发和帮助。我希望能真正发挥出直线旋转电机特有的技术优势，让更多半导体、显示面板、3C自动化及医疗设备等行业的研发人员了解和认识这种新的电机技术方案，为各种苛刻应用场景提供优质的解决方案和定制化服务。"李思阳萌生了创业的想法。

2018年11月，李思阳找朋友凑了100万元启动经费，在深圳市南山区高新科技园注册成立了国奥科技。凭借着100平方米的办公场地和不到10个人的小团队，李思阳的创业之路从这里起步。

国奥科技总部

　　"我从香港理工大学找了两个关系不错的师弟，一起结伴创业。创业其实是一个非常艰苦的过程，因为创业开始的前三年，一分钱的收入都没有，还需要不停地投入研发。没有坚定的信心，肯定熬不过这么长时间的困境。我理解选择中途退出的人，而选择留下来继续奋斗的伙伴，则给了我坚持下去的巨大勇气。"

　　李思阳介绍，他的一位师弟叫威廉，是美籍华人，从美国雪城大学毕业后到香港理工大学读硕士，在这里他俩相识了。当李思阳决定创业时，就邀请了威廉。威廉自幼在美国长大，他看到美国政府在高科技领域不时对中国进行技术禁运和制裁，内心深处激起一股不服输的劲头。于是，当李思阳说要做一个对中国制造业补短板的创业项目时，威廉二话不说就加入进来。

2021年夏天，国奥科技已经发不出工资了，而且没有拿到批量订单，平时也只有零星打样的小订单，这让创始团队成员看不到希望。深圳的夏天炎热无比，而国奥科技却因为一位创始团队成员决定离开而感受到了阵阵寒意。

李思阳语气低沉而坚决："他成家不久，又有了小孩，如果我们继续发不出工资，那他就面临揭不开锅的困境，柴米油盐难住了他。我理解他离开的理由和生活的难处。这时，威廉决定留下来，他对我说了一句让我这辈子都忘不了的话，'不管公司谁离开，我只会是最后那一个'。他的这句话，让我感到不是自己一个人在奋斗，而是在与并肩战斗的伙伴携手奋进，我既然带了头，就不仅要为自己而战，更要为支持我的伙伴负责到底。"

李思阳每天只睡四五个小时，几乎连轴转，不在生产车间就在实验室里，或者在客户的装机现场。"每个人都是满负荷在运转。威廉最开始是研发团队的一员，当国奥科技成为华为的供应商之后，就转为销售岗位了，他本来说中文都不太顺溜，可在跑市场的过程中拼尽全力。国奥科技的商务逻辑就是优秀的产品能为客户创造更多的价值，产品经过一系列严格测试，达到客户的要求是成交的唯一标准，因此我们坚持用好产品去敲开客户的大门。"

雪中送炭的支持，总是令创业者感激不尽。李思阳清晰地记得创业初期从政府部门获得的支持。"2019年，作为海归博士，我拿到了人才类资助160万元。那年秋天，国奥科技首次参加了中国深圳创新创业大赛，获得优秀企业奖，并代表深圳参加了在洛阳举办的中国创新创业大赛，获得了第八届中国创新创业大赛先进制造行业总决赛初创组优秀企业奖。此次参赛，也为我们打响了品牌。初创公司没有品牌力，我们能做的，就是抓住一切机会,把自己做到最好。"2020 年,国奥科技作为深圳当年海外留学生创业团队第一名,还拿到了 100 万元的留学人员创业补贴。

李思阳在第八届中国创新创业大赛颁奖现场

| 天使投资让初创企业度过 "生死劫"

李思阳对创业初期的艰难,用了"九死一生""命悬一线"这样的词语,可见当时危机四伏的困境。最令他感动的是,在最困难的时候遇到了天使投资人张广明,帮助他度过了"生死劫"。

李思阳介绍,出生于 1994 年的张广明曾在美国留学,看到美国对中国半导体产业不断打压，当得知国奥科技自研的直线旋转电机技术能助力国内半导体产业发展时，感到十分振奋。经过一段时间的仔细考察后，2019年底，张广明决定在3年内给国奥科技投资3000万元。

"从2019年到2021年，我们聚焦研发，致力于把理论创新落地为产品。产品打磨期十分漫长，3年没有销售收入，全靠天使投资人的资金才得以度过。"李思阳回忆道，"天使投资人如果不是对我们团队足够信任，根本不可能坚持这么久，大家对企业的未来都看不清楚。我非常感激天使投资人，他把国奥科技当作自己的事业在做，我们都有共同的使命，那就是做别人做不到的事情，打破国外企业在核心技术和高端元器件上的长期垄断。没有这种使命感，我们根本坚持不下来。"

创业者必须对自己的产品怀有无比坚定的信心，哪怕产品尚未在市场上实现任何销售。"内心不够强大的话，是无法面对无数质疑声的，创业者必须对自己的产品无比坚定。如果自己都对自己的产品产生了巨大的怀疑，那创业这个事情注定会很快结束。"李思阳对国奥科技研制的高精准可程序化的直线旋转电机始终抱有坚定的信心，因为这款电机能够随时转换力控、位置及速度模式，在系统中可控制并侦测持续输出力，其高速、高响应、高精定位、高精力控等技术具有领先优势，能很好地为高精密运动提供解决方案。

长相憨厚的李思阳，在合作伙伴眼中是一个特能沉得住气的人。在3年没有销售收入的情况下，李思阳带领国奥科技在技术创新方面不断积累，在电机结构、驱动电路、力控算法等方面进行迭代创新，累计申请相关核心专利知识产权和软件著作权100余项，其中发明专利30项，在产品周边建立起更高的技术壁垒。凭借卓越的创新实力，国奥科技先后获评2019、2020年度直驱电机领域技术创新先锋企业。

国奥科技受到投资机构青睐

自从成为华为半导体封测线的核心部件供应商后，不少客户慕名而来，几十万元到数百万元的订单陆续拿到手，国奥科技发展渐入佳境。

李思阳说："华为数百万元的订单是最有示范意义的灯塔工程，证明了国奥科技研制的是名副其实的'高端电机'。此后，深圳新益昌科技股份有限公司、苏州艾科瑞思智能装备股份有限公司、华海清科股份有限公司等企业纷纷找上门来寻求合作。国产 IGBT 芯片封装市场是以直线旋转电机为核心的标准化应用的市场，我们研制的直驱电机现已被广泛应用在半导体制造封测、3C 电子组装检测等高精度力控领域中。比如，将这款直驱电机应用在固晶机、贴片机等半导体封测设备中，能高效、精准完成元件的贴装等动作，并确保易碎元件不被损坏。"

目前，我国直驱电机领域国产品牌的市场占有率不足 40%，且主要集中在中低端市场，绝大部分市场份额被众多国外品牌占据。国奥科技要做的就是冲破壁垒，进军高端市场，为早日实现直驱电机产业国产化贡献力量。最令李思阳感到自豪的是，近两年来，3C 消费电子领域的一些龙头企业也开始陆续采用国奥科技的直驱电机，歌尔股份、舜宇光学科技等知名企业成为国奥科技的客户。

投资商的嗅觉是最敏锐的，能够迅速发现技术领先、市场潜力大的行业"黑马"。发展势头喜人的国奥科技，顺理成章地成为投资商眼中的"香饽饽"。2023 年，国奥科技陆续进行了 Pre-A 轮、Pre-A+ 轮及 A 轮融资，分别由华盛资本、君盛投资、境成资本等多家知名机构完成，累计金额 5000 万元。如今，国奥科技把生产基地搬到深圳市宝安区，占地 3000 多平方米。李思阳透露，未来将在香港科学园设立研发中心，把理论创新工作放在香港，因为在香港能吸引更多具有国际视野的科研人才。

"我从 2013 年就开始研究直驱电机核心技术，可谓十年磨一剑。随着 3C 消费电子、半导体、医疗设备、新能源等行业的蓬勃发展，伺服电机的需求势必持续增长，并且将向智能化、高集成化、高控制精准度的方向发展。国奥科技将立足自身在技术研发方面的优势，厚积薄发，推出更高水平的电机产品，为客户带来更大的价值，助力'中国智造'在世界舞台赢得更高声誉。"李思阳对未来充满信心。

———

"创业需要寻找适合自己的赛道，建立属于自己的'根据地'，养活一支小而精的团队，迎接新的机会。"

李坤，深圳市声希科技有限公司创始人、董事长兼首席执行官，香港中文大学荣誉副研究员。
-
深圳市声希科技有限公司获第九届中国深圳创新创业大赛行业决赛三等奖、第六届中国创新创业大赛互联网及移动互联网行业总决赛初创组六强。

李坤：

AI 辅助教育工具的探路者

深圳市声希科技有限公司（简称"声希科技"）与香港中文大学合作，于 2023 年共同获得香港特区政府优质教育基金的重点资助，联合研发"基于人工智能的英语学习与教学平台"。截至 2024 年 9 月，已有 20 多所香港中小学采用了声希科技的软件平台辅助英语教学。

作为 AI 辅助教育工具的探路者，声希科技走过了一条不寻常的创业之路。声希科技创始人、董事长兼首席执行官李坤深情地说："尽管曾经几度陷入至暗时刻，但我始终选择了坚持。因为我坚信，再努力一点就一定能迎来成功。机会是通过拼搏创造的，即使经历了一些波折，也无需抱怨，这些挑战实际上为我们今天的成功奠定了坚实的基础。"

｜ 学生时代怀抱创业的梦想

李坤出生于广东湛江吴川市，自幼深受粤西文化熏陶，对创业有着无限向往。在考入清华大学攻读集成电路硕士学位后，这种想法变得愈发强烈。在这所名校，他选修了多门创业课程，并参加了商学院的各种公开课。在此期间，他聆听了许多成功创业者的故事，这些从无到有、为社会创造巨大价值的创业经历，深深激励着他。李坤心中燃起了一团火焰，他渴望着有朝一日能找到属于自己的创业机会。

随后，他进入香港中文大学系统工程系攻读博士学位，师从IEEE（电气电子工程师学会）和ISCA（国际语音通信协会）院士蒙美玲教授，专注于如何利用人工智能技术提升英语学习效率，特别是在改善中国学生英语发音方面的研究。

攻读博士学位期间，在蒙美玲教授的指导下，他在语音和语义等人工智能核心技术领域取得了重要成果。他关于发音纠错技术的论文被IEEE国际核心期刊收录，并成为封面文章，同时他也申请了中国和美国的发明专利。此外，他与师弟合作研发的语音转换相关技术处于行业前沿，并凭借这些技术获得2016年国际顶级会议ICME（国际多媒体与博览会）的最佳论文奖。这些成就不仅帮助他顺利完成了博士学业，还为其未来的研究和职业发展奠定了坚实的基础。

2016年，李坤在深圳和香港同时创办了声希科技，团队成员大部分来自香港中文大学的人机交互实验室。此外，他还在深圳招募了一些工程师，创业由此起步。

他说："我们申请到深圳市相关人才计划的资助，这为我们提供了长达5年的生活费支持，让我们在创业过程中无后顾之忧。这项人才计划极为透明、公平，为像我们这样从名校毕业的博士提供了勇敢创业的机会。在创业初期，我们还从香港数码港获得了特区政府的创业资助，这些资金帮助我们在尚未盈利的阶段渡过了难关。"

｜获得两笔投资让创业提速

声希科技创立之初，以技术为核心，为客户提供英语发音纠错的 API（应用程序接口）服务，并逐渐吸引了国内著名的背单词软件百词斩、以电子词典起家的快译通，以及儿童图书软件盖世童书等客户。

然而，纯技术接口服务的单价较低，且发音纠错市场也相对小众。为了拓展业务，声希科技开始探索语言学习产品的发展机会，并推出了首款产品——AI 点读笔。然而，由于硬件产品开发周期长，而且这款点读笔的需求不够刚性、用户生命周期短（通常仅 1~2 年），客户群体有限。最终，在资金将要耗尽时，李坤决定停止这个持续一年多的点读笔项目。

"经历挫折才会反思，才能找到适合自己的方向。"李坤意识到需要学会辨别机会。于是他决定开发一个用户高频使用，且使用群体广泛的产品。最终，AI 英语课程成为他努力进军的新领域。

2017 年，国内在线真人英语培训逐渐流行，但师资短缺、价格昂贵。李坤想到用人工智能技术做英语在线培训，这样可以大大降低价格。

同年秋天，李坤带着"基于人工智能的语言学习平台"项目参加了第九届中国深圳创新创业大赛，获得行业决赛三等奖。凭借这一成绩，在清华大学校友的引荐下，他于 2018 年获得普禾资本 1000 万元的天使轮投资。

瞄准少儿英语赛道，锁定 3~12 岁的儿童群体，声希科技推出面向 C 端的 APP "声希 AI 课"，从耳朵、嘴巴、眼睛、大脑四大感官入手，培养孩子地道的语言学习习惯。

声希科技获第九届中国深圳创新创业大赛行业决赛三等奖

此时，李坤认为自己进入了一个拥有很大潜力的赛道。因为全国训练成熟的英语老师仅为 200 万名，却需要服务 2 亿人以上的各类学生，很多孩子一生都受困于"哑巴英语"，声希科技大有用武之地。他带领团队从产品设计和课程设计入手，逐步开发出"声希 AI 课"的多种课程形式，如针对小学不同年级需求研发的自然拼读系统课程，基于语音发音纠错、自然语言处理和情感识别等 AI 技术，模拟真人外教互动课堂，为孩子提供专业高效的辅导。声希 AI 课平均单节课价格不超过 10 元，性价比优势明显。

2020 年上半年，在 AI 教育赛道发展得风生水起的声希科技，顺利完成数千万元人民币 Pre-A 轮融资，投资方为欢聚时代。这笔资金的注入，让声希科技发展再次提速，团队一下从 20 多人扩展到近百人，产品也逐渐成熟投放市场，受到用户欢迎。

2020 年 12 月 22 日，以"百年巨变·智胜未来"为主题的 2020 首届中国人工智能年会暨中国 AI 金雁奖年度颁奖盛典在北京举行，声希科技成功入选 2020 年度"人工智能潜力 50 强"企业榜单，获"年度科技创新企业大奖""年度高级算法技术奖""年度深度学习技术奖""年度智能教育应用奖""年度智能政务应用奖"五大奖项。

| 缺乏资金陷入停滞后果断转型

李坤并没有沉醉于获奖的喜悦中，反而冷静地看到了发展的隐忧："随着市场拓展费和人员成本迅速上升，每月的研发和市场开拓成本接近 200 万元，市场营销的效果却并不理想。声希 AI 课 2020 年初上线，3 个月积累了大约 3 万用户，但真正付费的用户不到 20%。当时融资格外困难，我感到巨大的压力。如果无法再次融资，那就必须停下研发。"

2021年春节后，李坤决定让企业"踩刹车"，放慢发展速度。首先是裁员，这对李坤来说是一段痛苦的经历。他说道："为了解决生存问题，我们必须迅速裁员，既要遵守劳动法，又要尊重员工意愿。经过三四个月的沟通，我们分批辞退了部分员工，人事部门甚至帮助一些员工找到了新工作，实现了无缝衔接。"

面对企业早期发展遇到的挫折，李坤进行了深刻反省："AI教育赛道潜力巨大，但资金需求庞大，产品研发完成后需要强有力的营销。我们团队成员大多是技术出身，在市场拓展上不够擅长，而依靠代理商显然存在问题。"

声希科技一度陷入停滞，资金几乎耗尽，员工也陆续离开。但李坤不愿放弃，看到仍愿留下的老员工，他感到责任重大。

"虽然从AI点读笔到AI英语课程，我们都失败了，但思想上更成熟了。最初是为了创业而创业，没有看到清晰的商业前景，也没有任何经营企业的经验，可以说是凭着一腔热血盲目地往前冲。过去，我们对成功的定义是获奖、融资、被媒体报道，员工越多越好，发展越快越好。然而创业的现实是赛道竞争激烈，政策多变，融资困难。面对挫折，我们需要迅速调整心态，缩小队伍，压缩开支，静待良机。经过反思，我更清晰地看到了方向，创业需要寻找适合自己的赛道，建立属于自己的'根据地'，养活一支小而精的团队，迎接新的机会。"他冷静地说。

就在李坤决定转型的时候，香港墨尔文国际学校突然联系声希科技，委托开发一款口语作业软件。通过深入了解市场后，李坤的团队发现，这一方向非常适合他们。

首先，AI辅助教学工具是市场刚需，用户几乎每天都需要使用。香港拥有近千所中小学，近几年来，在政府补贴下，香港学生家庭实现了iPad

全覆盖，但香港本土软件产业偏弱，过去主要依赖国外学习软件。在这里，AI 辅助教学工具仍有广阔市场待开发。

其次，香港的教育市场规模适中，不适合巨头进入，但市场非常公平透明，只要产品够好，客户就会付费。香港地域不大，1 小时车程就可以触达近千所学校。这对于不擅长商业运营的初创技术团队来说，就是理想的市场。更重要的是，声希科技在 AI 英语课程上积累的开发经验和研发成果还能派上用场。

| AI 辅助教学工具受香港老师青睐

2024 年 7 月，一场主题为"AI 驱动的英语作文评估——如何在 1 分钟内批改香港高考作文"的研讨会在香港中文大学举办，吸引了来自约 20 所香港中学的近 30 位英语老师参加。

李坤介绍："在活动中，我们展示了 LingoTask APP 的强大作文批改功能，该应用由香港特区政府优质教育基金支持，由香港中文大学和声希科技联合开发，为提升学生的英语听、说、读、写能力而设计，大大减少了教师的批改工作量。许多参会老师对我们的 AI 技术和实际操作演示赞赏有加，亲身体验后，对 LingoTask 充满兴趣。活动结束后，有大约 10 所学校向我们表达了合作意向，其中一些学校已预约我们进行校内讲解和培训。"

声希科技研制的 AI 辅助教学工具为何会受到青睐？优秀产品源于满足未被满足的市场需求。早在 2021 年秋，李坤在和香港教育界朋友交流时了解到，一位中学英语老师因为害怕批改英语作文，申请调到小学执教。他了解到，中学老师批改一篇 5 页的作文约需 20 分钟，这项工作给教师带来了沉重负担。他思考，是否可以利用 AI 帮助老师批改英语作文？理论上是可行的，而且这个应用场景十分利于构建数据闭环：用户越多，数据越丰富，体验越佳，用户自然会进一步增加，形成正循环。

在实际开发中，李坤还是遇到不少困难。为了解决研发中的技术难题，他结识了香港中文大学的外籍讲师史丹芬，这位拥有美国麻省理工学院语言学学士学位和斯坦福大学计算机博士学位的专家，对语言学、教育学和人工智能技术都很擅长。在举办研讨会时，史丹芬生动讲解了 AI 如何修改句子结构和用词，这些内容令中学校长和英语老师耳目一新。

2024 年 7 月，在香港中文大学举办的研讨会上，史丹芬介绍 AI 辅助英文教学

为了打磨好 LingoTask APP，李坤还物色了毕业于清华大学设计学院的蒋墨岚。蒋墨岚在微软、百度和字节跳动工作多年，有丰富的产品设计经验，她的设计使得这款产品更加简洁、美观。LingoTask APP 从口语和写作两方面入手，让教师摆脱繁琐的作业批改工作，及时掌握学生的学习进度，专注学习态度和价值观培养。

在服务香港学校的过程中，李坤遇到了许多热心的老师和校长，他们不仅就产品功能提出建议，还对产品定位和营销策略提出了宝贵意见。例如，他们提出是否可以在 1 分钟内批改 100 篇作文，还建议在粤港澳大湾区推广产品，以便让更多跨境学生受益。2024 年初，李坤接到香港仁爱堂田家炳中学纪校长的电话，说英语老师们对声希科技的 AI 辅助教学工具评价很高，希望推荐给粉岭田家炳中学的陈校长。半年后，陈校长又介绍李坤团队给其他的学校。

"一旦扎根香港市场，做出口碑后，再进军内地和东南亚教育市场就会更容易。用户的认可让我感到欣慰，多年的坚持终于得到积极反馈，说明我们创造了良好的社会价值。近年来，人工智能与教育的融合发展硕果累累。从语音纠正到作文批改，再到协助提升英语阅读水平，AI 技术减轻了老师巨大的工作量，有潜力突破教育资源不均衡的困局，让优质教育成果惠及更多的孩子。"李坤站在窗边，眺望着深圳河对面的香港，对自己的创业方向无比坚定。

"双城"创业的优势无与伦比

　　至 2024 年，粤港澳大湾区的"深圳－香港－广州"科技集群在全球创新指数百强科技集群中，连续五年居全球第二位。这里活跃着许许多多充满活力的科技创业者，其中有一群人赞叹"双城"创业的优势无与伦比，善于利用香港和深圳两地的优势，实现创业梦想，在全球科技创新竞争中崭露头角。

　　根据笔者观察，仅一河之隔的香港与深圳优势互补，协同效应尤其明显，"双城"创业的优势可以概括为以下五个方面：

　　第一，香港的基础科研实力雄厚，有 5 所大学跻身世界百强，设有 16 个国家重点实验室、6 所国家工程技术研究中心香港分中心，与中国科学院共建了 22 所联合实验室，这些高校和科研机构能源源不断地提供一流的科研成果。比如，创冷科技的无电制冷技术是从香港城市大学走出来的科研成果，相关产品在"伊玛尔地产可持续及循环经济挑战赛"全球性大赛中夺得冠军，充分证明了香港高校科研成果的含金量。

　　第二，深圳拥有很强的产业配套能力和完备的供应链，可以帮助科研成果成功转化。纳德光学充分利用深圳产业链配套能力，迅速迭代产品，从单一的头戴影院市场拓展到医疗、工业、无人机等多个行业。纳德光学创始人彭华军说："我们的产品生产需要芯片、光学镜片、精密结构、算法及操作系统等软硬件的全方位配套，深圳电子信息产业链十分发达，是智能硬件创业者的首选之地。我很庆幸扎根深圳创业，通过利用深圳成熟的产业链成功降低成本，实现了高效生产，推出性价比更高的产品，进而获得市场的良性驱动，让纳德光学快速发展。"

第三，香港有打开海外市场的天然优势，能够帮助企业的创新产品顺利"出海"。"一项科研成果从实验室走向市场，如果没有香港这个面向全球市场的窗口，是无法如此迅速打开海外市场的。"创冷科技CEO朱毅豪介绍道，"香港贸易发展局组织我们参加'创业日'展览，邀请海外客户观展，给我们带来了第一个国际客户，我们的产品通过参加国际比赛打入中东市场，酋长皇宫、迪拜购物中心等多个国际标杆案例成功落地，为无电制冷材料的全球推广提供了示范价值，这让我们迅速获得更多海外客户的青睐。"

第四，深港两地人才构成是不一样的，具有很强的互补性。声希科技创始人、董事长李坤说："从人才方面来看，两地的人才构成各具特色。深圳拥有成熟的电子信息产业链，汇聚了大量的软件和硬件工程师，但在更高端的科研人才上有所欠缺。香港则以拥有多所国际顶尖大学著称，每年培养大量博士和博士后人才，这些高端科研人才具备国际视野和前沿科研经验，使深港两地人才互为补充。"李思阳在香港理工大学学习期间，导师郑家伟教授是电力电子领域的专家，2005年带领团队开始研发纯电动车，让香港成为全球最早研发电动车技术的地方之一。李思阳钦佩地说："郑家伟教授站在全球科技前沿，对技术路线的选择和判断十分清晰准确，在他的指导下，我了解到全球最好的学者在我所处的专业中研究到什么程度，我的研究成果是否具有国际领先性。这种领先性的判断，决定了我在该领域创业是否有机会。郑家伟教授告诉我，高精度直线旋转电机技术代表了未来的发展方向，在这个方向的创新大有可为，这给我走上创业的道路指明了方向，坚定了信心。"

第五，"双城"创业者善于利用深港两地的科技创新政策和创新资源，帮助他们的创业走向成功。云鲸智能创始人张峻彬深有体会地说："深圳不断加大对创新企业的培育力度，支持企业设立技术创新中心、产业创新中心等创新载体。我们获得了来自深圳市和南山区科技主管部门的全方位扶持和帮助。云鲸智能起步就是靠香港科技大学李泽湘教授的投资和帮助，后来在技术研发、国际市场开拓等方面也从香港受益颇多，下一步计划要建立云鲸智能香港研究院，借助香港的先进医疗经验、高端医疗人才，打造云鲸智能的医疗级新产品。"短短 8 年时间，张峻彬带领云鲸智能从零起步，发展成为"独角兽企业"，从中国走向世界，产品走进了全球 300 万用户家庭。

近年来，香港加大科技创新力度，制定了一系列鼓励创新科技的优惠政策，致力于打造成为国际创科中心。在培育创新主体上，香港特区政府的关注与财政投入越来越多，香港成为名副其实的创新科技要素富集区和孵化地。香港特区行政长官李家超在 2022 年施政报告中推出《香港创新科技发展蓝图》，方向之一是"完善创科生态圈，实现香港再工业化"，为实现这一目标，"产学研 1+ 计划"应运而生，将拨款 100 亿港元，资助有潜力的初创团队。朱毅豪透露，这项政策为创冷科技的 A 轮融资提供了利好，因此在 2024 年 5 月完成 A 轮融资的创冷科技，同时还被评为"产学研 1+ 计划"首批项目，获得香港特区政府的资助，这极大地助推了无电制冷材料在全球快速推广应用。

对于"双城"创业者来说，只要拥有创新精神，利用好深港两地优势，就一定能把握机遇、实现梦想。随着粤港澳大湾区的进一步融合，深港两地正在成为新的科创高地，许多创业公司在此起步、成长、壮大，有些已经成为优秀的上市企业，而这些企业外溢的资本资源和人才资源又将不断催生出一批批新的科创企业。可以预见的是，未来将会有更多的"瞪羚企业""独角兽企业"在大湾区涌现，成为带动区域经济增长的引擎。

第二章

教授创业领风骚

常思奋不顾身，以徇国家之急。

——司马迁

陈霏，深圳清华大学研究院副教授，创办的深圳市智听科技有限公司借助人工智能和通信技术的赋能，实现了国产智能助听器的弯道超车，获第九届中国深圳创新创业大赛生命健康行业决赛二等奖。

邝允，深圳清华大学研究院海洋氢能研发中心副主任，创办的深圳氢致能源有限公司专注于电解含盐水制氢装备的研发与产业应用，目前已研发出世界首台十千瓦、百千瓦、兆瓦级电解海水制氢装备，实现了从"0"到"1"的突破，获中国可再生能源学会技术发明一等奖。

段立新，电子科技大学（深圳）高等研究院教授、博士生导师，深圳天海宸光科技有限公司联合创始人兼首席科学家，2023年被评为"粤港澳大湾区战略性新兴产业青年领袖"，并获深圳国际人工智能展"中国人工智能新锐人物奖"。

他们都拥有大学教授的头衔，可为了将科研成果转变成现实生产力，毅然决然走上创业的道路，披荆斩棘，书写新的传奇。

———

　"只有具有'空杯'心态，才能不断地提高和进步。"

陈霏，深圳市智听科技有限公司创始人、董事长兼总经理。

深圳市智听科技有限公司获第九届中国深圳创新创业大赛龙岗区预选赛暨首届"启迪杯"创新

创业大赛团队组一等奖、第九届中国深圳创新创业大赛生命健康行业决赛二等奖。

陈霏：

实现智能助听器的弯道超车

2024 年 1 月，深圳市智听科技有限公司（简称"智听科技"）联合韩德民院士团队申报的"听觉重建核心技术及远程验配助听"项目入选"十四五"国家重点研发计划。

智听科技创始人、董事长兼总经理陈霏喜悦地说："该项目的入选不仅标志着智听科技确立了从底层芯片到医疗器械再到互联互通听力健康服务垂直一体化的'国家队'选手身份，而且标志着我们携手清华大学、腾讯会议天籁实验室、首都医科大学及其附属北京同仁医院、新疆医科大学第一附属医院和中国医疗保健国际交流促进会等形成了'产学研医用'闭环的顶级研发力量。"

鲜有人知的是，这位从深圳清华大学研究院走出来的教授创业者，走上创业之路是从深创赛获奖开始的。陈霏借助人工智能和通信技术的赋能，实现了国产智能助听器的弯道超车，为千千万万听障人士带来了福音。

｜清华大学读博士结缘王志华教授

陈霏是出生在新疆生产建设兵团的湖南人，因为上辈都是浙江大学、上海交通大学毕业的高材生，他自幼就有考清华大学的梦想。

陈霏在助听器芯片测试现场

　　2000 年，陈霏考入北京邮电大学计算机系，本科毕业后进入爱立信中国研发总院工作了 3 年，后考入加拿大皇后大学攻读微电子专业硕士学位。他 2010 年考入清华大学集成电路学院读博士，终于圆了儿时的梦想。

　　"在清华大学，我有幸得到王志华教授的指导，和他一起做助听器芯片设计方面的课题研究。他拥有 20 多年的人工耳蜗芯片研发经验，我是站在巨人的肩膀上前行的。"陈霏口中的王志华教授是清华大学集成电路学院学术委员会主任，拥有 130 项中国专利和 10 项美国专利，曾担任国家核心电子器件、高端通用芯片和基础软件产品重大专项咨询专家组专家，不仅科研成果丰富，而且积极推动科研成果转化和产业化。

　　陈霏在王志华教授的悉心指导下，专心研发智能助听器芯片。王志华教授和陈霏都看到，国内助听器市场长期被瑞士的"峰力"、丹麦的"奥迪康"和德国的"西嘉"等洋品牌垄断,国人不得不接受这些价格昂贵的外国产品,而近年来兴起的人工智能技术可以为助听器的改进赋能,中国人有机会实现弯道超车。

兼职做助听器验配师发现行业痛点

把助听器芯片研发出来之后,如何做测试呢?陈霏想到应该找听障人士去实测,还要与欧美品牌助听器做对比,可陈霏对助听器的使用并不熟悉。他决定从最基础的工作做起——去考个助听器验配师资格证,这样不仅可以学会助听器的使用方法,还能接触到很多听障人士。

博士三年级的暑假,陈霏自费到南京参加了为期半个月的专业培训,以优异的成绩拿到人力资源和社会保障部颁发的助听器验配师资格证书。

从清华大学毕业后,陈霏入职天津大学微电子学院当副教授,从事集成电路设计的教学,5 年时间里培养了 20 多名硕士。

"我的家人还在北京,我在北京北四环开了一家助听器验配店,周末回到北京的时候就兼职做助听器验配师,维持着跟听障人士的联系,听取他们对产品的改进意见。"陈霏对助听器芯片始终念念不忘,一直期待有产业化的机会。在这个验配店里,他使用多国品牌的助听器服务了 300 多位患者,为日后创业奠定了基础。

有一次,陈霏接待了一位有听力障碍的老大爷,他对试戴的助听器效果很满意,可了解到洋品牌助听器的价格需要 5 万元一对,顿时感到很失望,他只带了 4000 元,连一只都买不起。望着老大爷转身离去的背影,陈霏感觉心里沉甸甸的。

还有一次,王志华教授让陈霏给远在山东的母亲做一次助听器验配。

陈霏把听力计、编程器、验配电脑等设备装了满满一大箱，拉到了山东，折腾得够呛。而且做助听器验配还需要在 3 个月内验配、调试 3~5 次才能完成。通过兼职做助听器验配师，他发现了助听器行业的两个痛点：一是洋品牌价格太贵，普罗大众用不起；二是线下验配太麻烦。"能不能把助听器验配过程变得简单些呢？这是我优先想去解决的问题。"

| "洋品牌的傲慢让我尝试创业"

那个时候，智能手机开始普及，蓝牙技术飞速发展，无线通信更为便捷，陈霏想到把助听器的测听、验配全在手机上完成，于是带着学生一起做研发。

在一次国际学术交流会议上，陈霏与国外助听器技术专家讨论，能否用互联互通的技术实现助听器远程验配功能，外国专家给予的答复是："这是一个好主意，但我们的助听器技术接口从不对外开放，所以不可能做出针对中国用户的远程验配系统。"

陈霏这才恍然大悟，五大国际听力集团在高端助听器市场中，通过线下验配渠道、高端产品供应链和自有研发体系，构筑了极高的准入壁垒，为了实现对技术的长期垄断，这些外国品牌在中国只设有销售部门，研发部门都放在欧美国家。

此时，陈霏团队在实验室里已经验证了所设想的概念，研发出了一种利用智能化和互联互通技术对助听器进行改造升级的科研模型，设计出了助听器远程验配 APP，而且也在学术刊物《IEEE 生物医学电路与系统汇刊》上发表了题为《基于智能手机的听力水平自我评测方法》的论文，但由于没有办法与国外助听器厂家合作，实现不了科研成果的转化，这让他陷入了困境。

| 深创赛让评委变成创业选手

2017 年秋天，陈霏作为集成电路专家被深创赛龙岗区预选赛的主办方邀请到深圳担任评委。就在一次项目点评中，有工作人员对陈霏建议："您很专业，而且有创新的想法，要不您也当选手来参赛吧！"

在深圳这片创新创业热土上，陈霏深藏于心底的创业梦想被点燃了。他说："我看到中国医生和患者的比例、助听器验配师与听障人士的比例都大大低于发达国家，国内民众对听力健康的需求又是如此旺盛，采用什么方法来用有限的资源解决大众的听力健康问题呢？答案只有一个，就是依靠技术创新，用智能化和互联互通的技术攻克助听器关键技术难点。我决定把多年研究的智能助听器科研成果推向市场，变成产品，服务大众。"

陈霏带着两名学生以团队名义参加了第九届深创赛，一举夺得龙岗区预选赛暨首届"启迪杯"创新创业大赛团队组一等奖、深创赛生命健康行业决赛二等奖的佳绩。

"获奖之后，龙岗区政府给予团队 30 万元奖金，还提供了启迪协信科技园（现名丰隆深港科技园）300 平方米的办公场地，有 3 年免租期。我们终于有产业化的基地了，真是喜出望外！"令陈霏感到更为惊喜的是，力合创投决定给予他们近千万元的天使投资。

有资金、有场地，创业就可以启动了。在妻子的理解和支持下，陈霏在龙岗区注册成立了智听科技，不久就调到深圳清华大学研究院工作。

"王志华教授给我很多鼓励和指导，他认为人生发展阶段可以分为四部曲，一是做世界上最好的创新研究，二是写出最好的文章，三是做出最好的产品，四是做出规模，对产业有所贡献。我现在要开始做产品了，如何把文章变成好用的产品呢？"陈霏面临一个新的课题，"起步之初，员工很少，除了带过来的两名学生，我还在深圳招聘了 3 位工程师。在天使投资的资金支持下，我们经过 3 年的研发，终于克服重重困难，推出了全球首款用户居家即可自主完成测听验配的智能助听器，于 2020 年底拿到了医疗器械注册证和生产许可证。"

| 助听器在小米有品上成众筹爆品

2021 年初，智听科技旗下品牌"挚听助听器"在京东上试销，由此打通了电商平台的销售渠道。由于产品技术领先，用户口碑好，智听科技吸引了优质投资机构前来洽谈合作，2021 年 10 月，完成了由小米战投领投、顺为资本跟投的数千万元 Pre-A 轮融资。

"有了小米战投的加入，我们的营销打法就更专业了，我们向小米学习了很多东西。如何把好产品卖得好？不仅要把技术语言用通俗易懂的话术展示出来，还要把电商平台的详情页从逻辑线条、话术线条到产品图片都设计好，这些对我们来说都是新手上路，全部要现学现卖。"陈霏说。

2022 年 1 月 6 日，挚听 32 通道智能助听器在小米有品众筹上线，当天销售额突破 100 万元。1 月 6 日 10 点至 2 月 3 日 10 点为众筹活动期，挚听助听器线上销售额突破 521 万元，成为行业爆款，智听科技由此一炮走红。这也是小米有品的第一次助听器众筹。

喜讯接踵而至，挚听助听器成为北京大学深圳医院签约供应商，获评小米有品 2022 年度最佳产品奖、2022 年"6·18"活动天猫降噪助听器行业 TOP 1、京东品质推优唯一国产助听器品牌，入选工业和信息化部《2022 年老年用品产品推广目录》，成为中国老龄事业发展基金会助听器公益中标项目，2024 年 6 月有两款挚听助听器获得德国红点设计大奖。

智听科技团队

| 牵手腾讯会议远程服务更加贴心

2024 年 4 月，马英九率台湾青年学子参访了深圳著名科技企业腾讯公司。腾讯工作人员现场介绍了挚听助听器："市场上大部分助听器价格要几万块钱，我们现在是把腾讯会议同款的智能降噪技术作为公益项目开放给合作伙伴，打造了这两款助听器，目前价格降到 3000~8000 元。而且最关键的是，我们现在已经服务了国内超过 400 万名听障人士，帮助他们听得清、听得真、听得准。"腾讯创始人兼首席执行官马化腾向马英九演示如何佩戴，马英九称赞道："效果很不错！"

陈霏自豪地说："挚听（腾讯天籁 inside）助听器是智听科技和腾讯会议天籁实验室联手打造的产品，像腾讯这样的龙头企业对我们创新型小企业的加持效应是非常显著的。"

陈霏与腾讯的牵手缘于一个学术论坛上的偶然相遇。陈霏遇到腾讯会议天籁实验室负责人商世东，该负责人建议陈霏可以带着智能助听器产品与腾讯技术部门和公益部门合作。陈霏介绍道："一方面，我们和腾讯的合作提升了智能助听器的产品力。与腾讯会议天籁实验室及腾讯 SSV 时光实验室的紧密合作，使得助听器芯片及算法得以优化，把基于解析式或数学公式的方法变成基于数据和神经网络的方法，实现了在复杂场景下语音清晰度和可懂度的提升，这一提升幅度高达 85%。这不仅推动了千元级别国产助听器性能的跨越式提升，更是用智能化手段实现了国产助听器产品的弯道超车。另一方面，我们把远程验配调试软件嵌入腾讯会议系统，听障人士可以在腾讯会议接受智听科技工作人员提供的面对面验配服务，这使得我们的远程服务更加贴心、周到。"

银发经济带来巨大的发展机会

根据第七次全国人口普查和《中国听力健康现状及发展趋势》报告测算，我国 65 岁以上老年人中有听力障碍的人群约为 1.2 亿人，其中需要助听器干预的约有 6300 万人，但由于听力自查率低、听力科普知识匮乏、听力干预成本高昂等原因，我国老年人听力障碍的干预率不足 6%。听力的损失，让老年人生活的幸福感大大降低。

2024 年首场国务院常务会议，专门研究发展银发经济、增进老年人福祉的政策举措；国务院办公厅印发首个以银发经济命名的政策文件《关于发展银发经济增进老年人福祉的意见》；2024 年政府工作报告明确提出"大力发展银发经济"……银发经济作为国家重要战略方向之一，展现出巨大发展潜力。为让更多老年人及其家属意识到听力健康的重要性，2024 年 6 月，国家卫生健康委印发通知，部署开展老年听力健康促进行动（2024—2027 年），包括开展老年听力筛查与干预，强化老年听力损失防控专项培训与队伍建设等。

陈霏认为，从政策环境看，智听科技已经迎来了黄金发展机会。过去几年，智听科技从助听器核心芯片级元器件的研究起步，到结合市场需求拓展至整机及智能化系统研发，再到与产业紧密合作，推动国产智能助听器落地。陈霏团队每年都会对技术与产品进行迭代升级，以更好地满足用户需求，展现出了过硬的创新实力和敏锐的市场开拓能力。陈霏除了注重在线上平台推广智能助听器，还在北京、上海、广州、深圳等多个城市陆续开设了 20 多家线下验配店，为听障人士提供一整套有效的听力解决方案。

"我国是世界上听力残疾人数最多的国家，老年性耳聋患者占据我国听力残疾致残原因的首位。智听科技借助人工智能和互联互通技术崛起的东风，推出可以远程验配的智能助听器，把洋品牌从高价位'拉下马'，让更多听障人士用得起智能助听器，感受更美好的生活，这是一份很有意义的事业。未来，智听科技将依靠'产学研医用'闭环的研发力量，推动我国听力赛道发展，争取早日把国产智能助听器推广到全球，造福更多听障人士。"陈霏满怀信心地布局未来。

——————

"产业方的需求直接推动了我们的海水制氢技术走出实验室，迅速转化成生产力。"

邝允，深圳氢致能源有限公司创始人、总经理。

深圳氢致能源有限公司获第十五届中国深圳创新创业大赛行业决赛新能源行业企业组二等奖、中国氢能联盟"2023 氢能专精特新创业大赛"冠军。

邝允：

海水制氢产业化的弄潮儿

位于深圳清华大学研究院的深圳氢致能源有限公司（简称"氢致能源"），创新性研发了世界首台十千瓦、百千瓦、兆瓦级电解海水制氢装备，相关技术经中国可再生能源学会组织专家鉴定，总体达国际领先水平，获得中国可再生能源学会技术发明一等奖，并获中国氢能联盟"2023氢能专精特新创业大赛"冠军，相关技术成果被央视《新闻联播》报道。

氢致能源的创始人、总经理邝允是国家首个关于海水制氢的重点研发计划首席科学家，他于 2023 年 3 月正式辞去北京化工大学的教职，来到深圳成为一名披荆斩棘的创业者。

"我虽然因为缺乏创业经验踩了不少坑，可回头看走过的创业历程，还是收获满满，非常感激深圳清华大学研究院提供了最好的孵化平台，感谢深圳这片创新创业热土，让我的海水制氢梦想能走出实验室，为科技创新引领产业创新贡献新的力量。"邝允谦和地说。

｜ 大学教授深耕海水制氢技术

来深圳创业之前，邝允是北京化工大学化学学院的教授、博士生导师。他开门见山地介绍："2006 年我考入北京化工大学，本硕博连读 9

年，博士毕业后留在北京化工大学任教，发表了40余篇论文，授权专利20余项，培养了近20位硕士和博士，2020年成为教授，我的求学和科研道路可谓是一帆风顺。"

从2015年在北京化工大学当副教授开始，邝允的研究方向就是电解水制氢，并在该领域发表了一些科研成果。2017年，他开始与美国斯坦福大学戴宏杰教授、北京化工大学孙晓明教授合作研究海水制氢，他们认为海洋会是未来重要的氢能来源。邝允对比了海水制氢的两条技术路线，一是先把海水变成纯水或预处理再电解制氢，二是用海水直接电解制氢。第一条路线明显会增加成本和能耗，第二条路线更为经济、环保，具有极大的应用潜力，但在全球范围看也没有成熟的技术。他决定瞄准用海水直接电解制氢进行技术攻关，难点在于海水成分很复杂，需要用特殊的电极材料阻隔盐分等杂质参与电解反应，同时避免电极腐蚀。他的第一个研发目标便锁定在特殊的电极材料上。

邝允教授在实验室指导研究工作

邝允于 2019 年在关键电极材料的研发上取得了突破，之后又和孙晓明教授一起不断改进电极成分和结构，使得电极在高盐环境下能够工作。下一步他们要把 1 平方厘米大小的电极材料做成可批量生产的产品，并研制出一套海水制氢装备。

"2020 年，我们一边开始着手大规模电极合成，一边开始进行装备研制工作。学校的实验室条件很简陋，我带着几名硕士生和博士生埋头研发，设计出新的合成路径，实现了 30 厘米直径电极的合成。之后在 2021 年研发出来 1 千瓦海水制氢装备，但是会出现运行不稳定、压力不平衡、经常停机等问题。我意识到除了用化学方法研发出更好的电极材料之外，还需要更多工程方面的专业人才来解决工程上的难题。于是，我们团队吸纳了多位机电专业方向的硕士生。"邝允教授和孙晓明教授通过调动人才资源解决了科研路上的"拦路虎"，终于在 2022 年上半年解决了工程上的难题，10 千瓦海水制氢装备研发成功，各项指标趋于稳定。

这时的邝允面临两个选择，一是留在高校继续做研发，二是将海水制氢技术推向产业化。他说："留在学校做研发，就得继续把样机放在学校实验室里，然而，由于安全问题，这样的安排已不再适宜。"这台 10 千瓦海水制氢装备每小时可以产生 2 立方米氢气，只能用一根长长的管子引到楼顶的空间排放掉。当学校对实验室进行安全检查，这台相当于 6 个冰箱体积大小的制氢装置成为安全隐患的重点整改对象。

"如果要走产业化的道路，一时也找不到合适的验证技术的应用场景。"邝允过去的经历决定了他的社会关系主要是北京化工大学的师生圈子，如果贸然选择走产业化的道路不免有些无从下手，感觉迷茫。

| 深圳能源全球撒网寻得"千里马"

近年来，深圳能源集团正积极实施海洋绿色能源发展战略，海上风电产业发展迅猛，提出了巨大的就地消纳需求。电解海水制氢可以克服深远海可再生能源并网难、巨量可再生能源储存难的瓶颈问题，实现规模化海上能源的高效存储与海水资源的有效利用。从 2020 年起，深圳能源集团急需海水制氢这一海洋可再生能源发展产业链上的关键技术，寻找了一年半也没有结果，他们把这个需求告诉深圳清华大学研究院，求助深圳清华大学研究院全球撒网寻找最先进的海水制氢技术。

深圳清华大学研究院找到已发表了不少关于海水制氢学术论文的邝允和孙晓明，并初步判断该团队的技术距离产业化最近。于是，三方携手合作，孙晓明、邝允团队入驻深圳清华大学研究院，成立海洋氢能研发中心，深圳能源集团为其提供海上应用场景和工程技术、装备，并与深圳清华大学研究院共同成立联合研究平台和投资基金，为这项技术落地聚集所需要的人才、资金和市场资源。

2021 年底，深圳能源集团技术研究院院长胡斌慕名来到北京化工大学，见到从事海水制氢研究多年的孙晓明和邝允。孙晓明是中国可再生能源学会氢能专委会副主任，带领着一支电解水制氢大团队。深圳能源集团表达了对海水制氢技术产业化的巨大需求，因为开发海水电解制氢技术，不仅能够提高制氢效率，降低成本，形成全新制氢技术路线，引领氢能行业发展，而且可以充分利用我国丰富的海洋资源，摆脱对淡水的依赖，推进清洁、可再生能源的高效利用。

此后不久，深圳能源－深圳清华联合研究院在深圳清华大学研究院正式成立，并组建高含盐水制氢联合实验室，孙晓明出任实验室主任，邝允担任副主任。深圳能源集团决定投入 3000 万元，委托高含盐水制氢联合实验室开发一台 500 千瓦电解海水制氢装备，如果中试成功，就快速推进技术的产业化实施。

邝允受这一合作模式的吸引而决定下海创业。"产业方的需求直接推动我们的海水制氢技术走出实验室，迅速转化成生产力。我决定从北京化工大学辞职，加入深圳清华大学研究院，全职从事海水制氢产业化工作。有了这种'联合创新 + 产业化平台'的新模式，海水制氢这项技术很快在深圳能源集团旗下的妈湾电厂得到应用落地。"

| 创业路上有"坑"更有"贵人"

邝允在深圳市南山区注册成立了氢致能源，该公司作为深圳清华大学研究院海洋氢能研发中心下设的产业化公司，专注于电解含盐水制氢装备的研发及产业应用。

"创业最难的一关就是建团队，因为海水制氢产业化涉及十几个学科，需要化工、机械、管道、电仪、自动控制、电力、热能等多个专业的人才交叉融合，我们初创团队成员主要是化学专业出身，在招聘其他专业方向人员时难免会看走眼。比如，有的员工实际能力与招聘面试所述大相径庭，给工作带来了一些麻烦。曾经发生过设计图纸未能符合项目需求的情况，导致委外生产的零部件不能满足项目要求，造成了一定的经济损失和时间损失。"邝允言语间仍有几分无奈。

他花了近一年时间才把团队搭建起来，最初招的不合格人员也被替换，又招进来了几位能人。"有在化工设计院工作了近 20 年的经验丰富的高级工程师，在工艺设计和装备设计方面发挥了重要的作用；有参与过大型装备设计的优秀机械工程师，负责牵头核心部件电解槽的研发，根据流体学原理优化电解槽结构，电解槽的抗波动性能做得很出色；还有资深的管道、电仪工程师，他们都为制氢装备产业化作出了突出贡献。"

"创业路上不仅有各种各样的'坑'考验我们的智慧和胆略，还有各路'贵人'来为我们排忧解困，这是最令我感动的地方。"说到这里，邝允的眉头也舒展开来。他口中的"贵人"，既有给予他 500 万元天使投资的力合创投，又有为他们牵线搭桥的科技主管部门，还有来自产业界的合作伙伴。比如，深圳能源集团在建设淡水制氢示范项目的过程中，发现电解槽对波动性能源的适应性比较差，而风光发电具有不确定性，因而抗波动性是电解槽必须解决的技术难点。根据深圳能源集团项目执行人廖梅的相关建议，氢致能源团队不断优化电解槽的结构，增强其抗波动性，这就使得海水制氢装置的整体性能有了很大提升。

目前，氢致能源已在关键电极材料、先进电极结构、高效工艺流程、电解海水制氢系统等领域形成自主核心知识产权，其电解海水制氢技术优势明显，能效高，抗波动性强，且装备占地面积小。数据显示，氢致能源的海水制氢技术能耗比碱性电解槽低 12%，用水成本比纯水电解制氢低80%，综合制氢成本比碱性电解水低 13%~15%。该技术不仅可应用于海水制氢场景，还可拓展至盐碱水、矿井水、油气田采出水、工业及城市中水等高含盐水制氢领域，促进绿氢产业发展。

｜ 经历安全风险最高级别的大考

经过一年多时间研发，氢致能源的 500 千瓦电解海水制氢装备终于落地深圳能源集团妈湾电厂并正式开展示范应用。

邝允对这个全球单体规模最大的制氢项目能顺利投入运行感到自豪，同时他的团队也经历了一场安全风险最高级别的大考。"电厂的安全监管是最高级别的，我们把海水制氢装备安装调试完成后，经历了安监部门10多次的检查，直到2024年5月才正式投入运行。运行以来各项指标都很好，中间有6个月时间不断地改进，毫不夸张地说，现在可以应对所有的安全风险，对下一步走入市场大规模应用做好了充分准备。"

2022年，中海油集团公司决定基于邝允团队的技术开展大规模海水制氢技术研发布局，2023年依托中海油能源发展股份有限公司与深圳清华大学研究院建立的联合研究院的合作机制，委托海洋氢能研发中心和氢致能源开发1兆瓦电解海水制氢装备——世界上首台兆瓦级海上制氢装备，这给氢致能源提出更高的技术要求。邝允沉着地说："这是一个更具挑战性的项目，要面临海洋平台环境的大考，我们的计划是2024年底可以安装调试，2025年出海测试。"

中海油、中石油、中广核、国家能源集团等行业巨头纷纷下单，氢致能源迅速成为行业翘楚，投资机构闻讯而动，争相牵手这一制氢赛道上的新星。

2023年秋天，氢致能源凭借过硬技术实力，夺得中国氢能联盟"2023氢能专精特新创业大赛"冠军、第十五届中国深圳创新创业大赛行业决赛新能源行业企业组二等奖和创新南山2023"创业之星"大赛新能源行业赛成长企业组一等奖。

2024年8月，氢致能源获得北京首发展天枢基金、力合科创、前海方舟天使基金Pre-A轮融资2400万元，为海水制氢装备下一步市场推广准备了"粮草"。

氢致能源获 2023 氢能专精特新创业大赛冠军

海水制氢装备项目落户常州氢湾

2024 年 4 月 2 日，氢致能源项目签约落户常州西太湖科技产业园，为常州氢湾再添绿色动能。该项目拟投资 1 亿元，布局海水制氢装备业务，建设研发和制造基地。当天，深圳清华大学研究院海洋氢能研发中心产业化基地在此揭牌。

其实，早在 2022 年，氢致能源就在张家口建设了第一个产业化基地，占地 2500 平方米，部署了 2 条电极生产线。

邝允介绍，新能源是深圳"20+8"产业集群行动中的重要战略性新兴产业，深圳正瞄准高端高质高新，锁定更高发展目标加速推进。海洋产业，尤其是海洋能源产业，是深圳重点发展方向之一，也是深圳建设全球海洋中心城市的重要产业支撑。海水制氢是深圳氢能产业创新发展行动计划重点布局技术路线，氢致能源积极响应深圳的发展需求，从科技研发、团队建设等方面同步发力，不断提升制氢装备的技术水平，积极参与氢能领域标准制定，为深圳氢能产业发展贡献力量。

"我们和深圳能源集团联手承担了深圳市两个技术攻关重点项目，政府的支持对我们的技术迭代和优化有巨大帮助。下一步，我们在粤港澳大湾区要落地一个制氢设备总装生产基地，因为我们要离客户更近。"邝允的话语里透出紧迫感，"利用太阳能、风能等可再生能源发电，从水中电解分离出氢分子所产生的氢燃料被称作'绿氢'。目前，全球氢产量中仅不到1%符合'绿色'标准，行业发展潜力巨大。我们已经承接多个央企、国企海水制氢示范项目，未来能够将绿氢制备成本降至低于煤制氢，为绿氢的规模化应用铺平道路。"

在深圳清华大学研究院的推动下，氢致能源的成果迅速从"书架"走向"货架"，在产业中顺利落地，发展成新质生产力的杰出代表，邝允也从大学教授变身为创业一线的弄潮儿。党的二十大吹响了奋进新征程的时代号角，我们比历史上任何时期都更需要建设科技强国。邝允不再满足于在学术期刊上发表学术论文，而是积极响应习近平总书记的号召——"把论文写在祖国的大地上，把科技成果应用在实现现代化的伟大事业中"，推动海水制氢技术产业化，为我国的新能源产业发展做出积极贡献。

———

"保持 '空杯' 心态很重要，只有打破过去已知
的执着，才能保持不断学习的状态。"

段立新，深圳天海宸光科技有限公司联合创始人兼首席科学家，获"深圳青年五四奖章"和深
圳国际人工智能展"中国人工智能新锐人物奖"。

-

深圳天海宸光科技有限公司被认定为高新技术企业、深圳市专精特新中小企业。

段立新：

用人工智能助力"智改数转"

　　深圳天海宸光科技有限公司（简称"天海宸光"）联合创始人兼首席科学家段立新还有一个头衔，那就是电子科技大学（深圳）高等研究院教授、博士生导师。

　　段立新是一名从高校走出来的创业者，一直在方兴未艾的人工智能赛道上信步驰骋。自 2019 年参与创办天海宸光以来，公司的营收稳步提升，服务了空中客车、中国民航局、南方电网等多个大型企业，团队规模也从 10 多人发展到近百人。2023 年，段立新获"深圳青年五四奖章"，被评为"粤港澳大湾区战略性新兴产业青年领袖"。

| 在亚马逊做研发重视成果产业化

　　段立新在学术上提出了机器学习、计算机视觉、多模态大模型等多个原创性方法，并在国际上率先将迁移学习成功引入计算机视觉的相关应用。在新加坡南洋理工大学攻读博士学位期间，他曾获 2009 年微软学者奖、2010 年计算机视觉国际顶级会议 CVPR 最佳学生论文奖、2010 年新加坡模式识别和机器智能协会 PREMIA 最佳学生论文奖、2012 年 CVPR 杰出审稿人奖。

博士毕业后，段立新曾在新加坡国立科研机构——新加坡科技研究局工作了一年多，随后到美国亚马逊公司西雅图总部任研究员和产品负责人。

"我既有海外科研机构的从业经历，也曾在科技企业工作过，对比这两段经历，我个人更喜欢将科研成果产业化，而不仅仅满足于发表学术论文。我所从事的领域偏重于人工智能的应用研究部分，推动人工智能产品更好地为人类与自然提供持续的服务，是我毕生的追求与强大的动力。在亚马逊总部负责产品工作时，我深刻明白产品需求和功能定义的重要性，尤其是对客户的交付需求要做到极致。在这期间我培养了很强的产品落地能力和服务意识。"

段立新在机器学习、计算机视觉、多模态大模型等领域的研究成果，在人工智能产业上有着广阔的应用前景。他入职亚马逊总部，最初在手机部门，参与手机端以图搜图功能的落地工作，后来加入搜索部门，研究如何优化、提升整个亚马逊网站的推荐检索、图像检索、文本检索等功能的效率和准确性。

段立新看到发展人工智能是大势所趋，而国内的市场需求也正在爆炸式增长，因此他积极寻找回国发展的机会。2016 年，电子科技大学向他伸出了橄榄枝，委派他牵头负责与国家发展改革委、国家信息中心合作建立大数据联合研究中心。在他看来，这是一个绝佳的回国工作机会，既有机会在国内高校执教，还可以参与政府数字化转型的实际工作。

｜回国任教培养数百 AI 人才

段立新在电子科技大学（深圳）高等研究院牵头成立了数据智能研究中心，研究方向包括机器学习、计算机视觉、大模型技术、边缘计算、博弈论等理论研究及其在图像、视频、点云、文本等非结构化数据方面的相关应用研究。

"数据智能研究中心的使命是创造国际一流的研究成果，促进科研成果转化，承担社会责任，不负时代使命。经过几年发展，中心现有 8 名教授，200 多名博士生和硕士生，为人工智能产业输送了一批优秀的年轻人才。"他对此颇感自豪。

人工智能是一个新兴学科，随着大数据、云计算相关技术的蓬勃发展，人工智能赋能各行各业的需求越来越大，对人才的需求也日益增加。段立新希望不仅要为国家培养满足尖端科研需要的 AI 人才，而且要为人工智能产业输送大批应用创新型人才。针对那些有志于从事科研工作的学生，他的要求是发表 3~5 篇顶级学术论文，这样未来才能有机会进入高校和科研机构做前沿理论与技术研究。针对有志于往产业化方向发展的学生，他的培养方式是带领学生与企业开展横向合作，让学生牵头解决方案的撰写、实施和交付。

"学习专业知识是一个方面，品德培养是另一个重要的方面，二者不可偏废。"段立新说，"尤其对于人工智能产业的从业者而言，要充分了解 AI 伦理，把安全、伦理以及广泛的社会关怀融入学习和工作中，因此我非常重视学生人品的培养，倡导温暖善良。"

在段立新的带领下，数据智能研究中心团队累计发表国际顶级学术论文 800 余篇，共获国内外重要人工智能算法竞赛奖项 30 余次，2021 年，在 NTIRE 移动设备视频超分辨竞赛中获全球第一名。

创办 AI 企业助力智改数转

2019年，段立新与宋博然、田原、何宜兵、云霄、李定等5位好友联合创办天海宸光，宋博然担任董事长兼CEO，段立新出任首席科学家兼CTO（首席技术官），负责技术研发。公司在深圳市南山区注册成立，定位做面向垂直行业的AI解决方案，赋能传统产业转型升级。

天海宸光团队部分核心成员

"当时我们成立一家AI公司，很多人并不看好，因为那时已经出现了以计算机视觉识别起家的'AI四小龙'，而且国内以AI上市的企业很罕见。我们团队能在AI赛道上做成什么样子，在公司筹备阶段大家的想法并不是很清晰。"段立新坦诚地说道。团队几位联合创始人围绕 AI 落地场景的最大领域是什么讨论过多次，他们一致认为，中国工业正处于从低端走向高端的过程，除了芯片和汽车行业的智能化程度比较高，很多其他的工业制造行业仍处于较低的技术水平，绝大多数还是劳动密集型制造产业，如果用 AI 赋能这些产业的升级改造，就能给产业带来更多的价值，天海宸光也可以快速发展起来。另外一方面，团队一直以来都很关注"人"层面的事情。"我们很重视人和人之间的感觉，这个是做任何事情最本质的基础。"段立新说道，"天海宸光开业之前，我们就搭建好了一支由十几人组成的核心团队，为公司未来的发展奠定了坚实的基础。"

2020 年 5 月，国家发展改革委等 17 部门联合发起"数字化转型伙伴行动（2020）"，100 多家企事业单位共助中小微企业数字化转型发展，紧密围绕解决中小微企业"不会转、不能转、不敢转"问题，搭平台、聚合力、优服务，共同构建"政府引导 – 平台赋能 – 龙头引领 – 机构支撑 – 多元服务"的联动机制，加强跨部门、跨区域、跨行业以及供给需求、线上线下、产业链上下游协同，在更大范围、更深程度推行普惠性"上云用数赋智"服务，形成数字化生态共同体。

在数字经济发展浪潮下，实施智能化改造和数字化转型（简称"智改数转"）是促进数字经济和实体经济深度融合、释放数字技术对经济发展放大叠加倍增作用的重要途径，也是推动制造业高质量发展的必然选择。段立新从中看到了更大的市场机会。"AI 技术可以帮助企业数字化转型，成为智改数转的有力抓手，天海宸光瞄准交通和能源两个产业开始发力。"

| 牵手空客 AI 成果成功落地

2023 年 2 月 28 日，《深圳特区报》发表了一篇题为《天海宸光：牵手空客加快人工智能成果落地》的报道，文章中提到："'我们利用创新 AI 数字解决方案，通过飞机餐车上的摄像头跟踪、分析派餐和收餐过程，来实现航空餐食精准化服务和绿色飞行。'昨日，在深圳天海宸光科技有限公司展厅，营销负责人云霄向记者介绍说，他们与空中客车合作开发了这套系统，目前，空客已经在各大展会上展示并向全球各大航空公司推荐使用该系统。"

段立新透露，空中客车在国际航空展上展示了这套 AI 智能配餐系统，而这只是天海宸光与空中客车合作的 10 多个项目之一。此外还有用 AI 技术做飞机零件图纸识别，帮助空中客车提高维修速度和质量。

2019 年，中国民用航空飞行学院发现，培养出来的技术人员大多倾向去一二线城市工作，而地处偏僻地区的支线机场很难留住人才，与此同时，国内民航需求高速增长，机场建设速度加快。能否利用 AI 技术精简岗位、节约人力，减少三四线城市的机场和支线机场对值守人员的需求？这对智能远程塔台提出了更高的要求。段立新认为，这个项目具有可复制性，因此天海宸光投入很多人力，加快研发进度。

"看似很简单的问题，要用 AI 技术解决并不容易，比如，要想给机场跑道上的航班'挂标牌'，显示载客人数、飞机位置等信息，光学传感器图像采集到识别目标显示延迟不能超过 1 秒。飞机滑行速度很快，如何获取准确信息，有很多工程化的难点需要解决。"段立新解释道，"我们解决了一个又一个难题，智能远程塔台产品获得民航用户的好评，目前已经在新源那拉提机场、贵阳龙洞堡国际机场、宁蒗泸沽湖机场等多个机场率先应用，后续我们会和民航单位一起，持续推动智能远程塔台的广泛落地。"

| 抓住风口助力企业智改数转

2024 年，在社会综合治理领域，天海宸光与大型运营商开展长期合作并落地省级重点项目，同时与能源、交通、金融领域大型国有企业集团合作，帮助企业集团智改数转，提高运营效率。

"帮助客户梳理和转化需求，这是做好智改数转工作的第一步，有时客户隐约知道需要什么效果，但无法准确描述出来需要什么产品，我们会深度进入垂直行业领域，以客户需求为导向，提供有竞争力的定制化解决方案。"段立新说。

他举了一个例子，一家头部金融租赁公司管理上千亿资产，收购了很多硬件资产，出租给其他企业运营，但这些资产的真实情况如何，租赁公司无法实时掌握。天海宸光研发了一套基于物联网的硬件资产管理系统，以保证硬件资产的准确和科学管理。

针对大型企业集团的需求调研时，段立新发现有一些需求是共性的。比如，企业多年经营下来积累了很多合同和文件等海量数据，对这些文档并没有很好地管理。如果用人工智能对历史数据进行索引管理，就能把这些数据很好地管理起来，在合同起草和审批等具体业务场景中，大幅提高相关人员的工作效率。

"基于大模型的知识管理，可以把各行各业的专业经验都很好地沉淀下来。在 AI 技术不断进步的背景下，各行业对 AI 技术的需求发生了井喷。"段立新介绍，天海宸光牢牢抓住了这个风口，持续投入研发，推出的全栈式数智平台"天海玄同"和大模型应用平台"天海宸启"可以应用于不同行业，无缝打通人工智能从算法研发到具体客户使用场景落地的各个环节，已经集成了 100 多种自研的算法，具备快速迭代和快速落地的优势，针对城管、交通、应急、公安等领域提供相关场景的智能化升级。

｜承担人工智能领域重大科研项目

人工智能技术在全球蓬勃发展，迫切需要高校相关学科培养和组织一批青年人才针对前沿科技开展技术攻关，助力我国人工智能先进技术取得突破。

段立新作为电子科技大学的教授，于 2020 年参与科技创新 2030—"新一代人工智能"重大项目，获得了科技部的经费支持。他介绍，在开放环境下，多模态协同学习与统一语义空间建模受到越来越多的关注，由于多模态数据可以提供更全面的信息，其在提高系统稳定性和鲁棒性方面具有显著优势。但由于缺乏理论上的指导和支撑，目前的开放环境感知系统往往是先对各个模态的信息单独处理，最后在决策层进行融合，并没有考虑各个模态间的内在联系与时序上的关系。此课题通过融合增强学习和在线学习等方法，将开放环境下的反馈信息进行多个模态的联合学习，以实现多模态信息的有效融合，从而构建实际中可用的自适应系统。

人工智能技术还可以应用于疾病的预测和诊断。2022 年，段立新团队参与了"视网膜疾病致病机制"项目的研究，被国家自然科学基金委员会列为创新研究群体项目并给予资助。段立新解释道："这项研究可以发现视网膜疾病新的致病基因和致病突变，拓展中国人群的视网膜疾病致病突变谱。另外，本项目创新性地将脑电、磁共振、视网膜电生理、人工智能等新兴技术与传统的医学诊断相融合，研发一整套视神经疾病的诊断策略，并利用人工智能的深度学习算法来辅助诊断视网膜血管性疾病。"

天海宸光秉持着"用科技关怀人类与自然"的使命，致力于通过创新技术的研发和应用，推动人与自然和谐共处。天海宸光相信，科技不仅仅是解决问题的工具，更是构建美好未来的重要力量。他们期待在携手共筑的万象融洽新世界中，科技与人类生活和自然环境完美融合、共生发展。

段立新非常珍视自己既是高校老师又是创业者的双重身份。"作为一名大学老师，有机会承担国家、省、市级科研项目并培养人才，为人工智能产业发展贡献智慧和力量。作为一名创业者，我很高兴地看到天海宸光获得'高新技术企业'以及'深圳市专精特新中小企业'认定，这些重要资质认定不仅是企业的'金字招牌'，还能提升企业的品牌形象和市场价值，标志着天海宸光作为一家创新型 AI 企业迈入新的发展阶段。我非常荣幸能在深圳这片创业热土上挥洒青春和汗水，为我国新一代信息技术产业的高质量发展奉献一份绵薄之力。"

走出教授创业的三个误区

　　教授创业有一个难点，就是要从被人仰视的讲台走下来，成为一名接地气的创业者，需要为"柴米油盐酱醋茶"这些琐事殚精竭虑。不少教授没能很好地实现身份转换，创业并没有走向成功，主要原因包括过于技术自负、轻视企业管理、拒绝充分授权等。

　　氢致能源已研发出世界首台十千瓦、百千瓦、兆瓦级电解海水制氢装备，实现了从"0"到"1"的突破。该公司的创始人、总经理邝允回顾自己走过的创业历程，认为教授创业要注意走出三个误区，才能加快速度迈向成功。

　　第一个误区是容易钻入技术的陷阱。教授创业者往往认为技术越尖端越好，因而不计时间成本和财力成本，拼命研发最尖端的技术，这就可能导致错失市场机会。因为现实情况是市场需要的可能就是80分的技术，作为优秀的创业者，应该在最短的时间内提供能满足市场需要的产品。创业者要善于洞察市场机会，用创新的产品满足市场需求。市场真正需要的东西才是企业需要研发的方向，教授创业者应该多问问自己：市场最需要解决的问题是什么？采用哪些手段可以实现这个目标？这样做出来的产品才会有销路，而不是只专注于自己擅长的领域，陷入闭门造车、脱离市场的困局。

第二个误区是不容易认识到自己的短板。教授通常拥有高学历，从小就是学霸，各门功课优秀，但对于创业来说，并非语数外全优的人就能做到最好。从研发到市场、从人力资源到行政管理等，创业者不可能全部亲力亲为，需要组织一个团队，让每个人做最擅长的事情，请专业的人来做专业的事情，弥补创业者自身的短板。

第三个误区是喜欢有掌控力，宁愿亲力亲为也不愿意放权。不少教授创业者不相信员工能把事情做好，认为只有自己能做到尽善尽美，因此拒绝充分授权，最终导致公司运营效率低下，不少员工缺乏积极性和主动性。

邝允反思自己创业初期也犯了同样的错误，好在及时调整了心态，很快就走出了误区。他提及，要先给自己定好位，公司一把手的任务就是为企业找方向、找资源和找人，选对人特别重要，把德才兼备的人组成一个有战斗力的班子，对他们充分授权，依靠团队力量，再把科研成果从实验室一步一步推向市场。

教授创业如何尽快走出上述三个误区？受访企业家不约而同地强调一定要有"空杯"心态，学会倾听市场的需求，学习关于管理、营销等新的知识和技能，提高创业的成功率。天海宸光联合创始人兼首席科学家段立新说："保持'空杯'心态很重要，只有打破过去已知的执着，才能保持不断学习的状态。比如，我们在帮助能源、交通和金融领域的客户梳理和转化需求的时候，必须保持谦逊的态度，充分理解业务的内在逻辑和真实需求，要成为半个专家，才能提出有竞争力的定制化解决方案。倘若我们以老师自上而下的视角去教育用户，是无法做出合适的解决方案的。倾听、理解和学习，这是做市场需求调研时必须具备的能力。同样的道理，在创业过程中，创业者还需要具备良好的待人接物、商务谈判、市场推广等各方面能力。作为教授，我们只需要教导培养学生以及做出科研成果，而作为创业者则需要对自己有更高的要求，从'专才'转变成'全才'，才能更好地解决公司管理、销售、队伍建设等多方面问题。"

智听科技创始人、董事长陈霏是深圳清华大学研究院副教授，除了创业，平时还要指导博士生，承担国家、省、市级科研项目。陈霏性情温和，语气诚恳："我们作为高校老师，在象牙塔内是博士生导师，在象牙塔外就是小学生，很多新的东西需要学习。象牙塔内的好处是有技术积累、有高人指点、有资金渠道，但仅仅依靠这些远远不够，还需要产业方的支持。比如，智听科技曾获得小米、腾讯的大力帮助，因而走得更稳健更快速。我的导师王志华教授曾告诫我，'创业的时候，你会的东西不重要，不会的东西很重要'。这句话提醒我时刻保持谦虚态度，要有'空杯'心态。如何做好产品营销？如何与供应商合作？如何吸引和留住人才？这些都是需要不断学习和取经的。"

他举了一个亲身经历的例子，最开始做智能助听器产品的时候，没有放量，采购原材料的订单量都比较小，供应商配合意愿并不强，与供应商订货之后他要驻厂去盯生产线，哄着老板分配上线的时间，陪着工人"撸串"以保证质量，一直盯了一个多星期，才千方百计把要的原材料都保质保量弄齐了。

陈霏打比方说："谷穗成熟的时候就会弯腰，越成熟时腰弯得越低，越接地气。教授创业也是如此，不论做教授有多大的名气，只要走上创业这条路，就要对用户有足够的尊重，对产业方要保持学习的态度，对供应链要有俯下身来合作的心态。只有弯下腰来，才能合作愉快；只有具有'空杯'心态，才能不断地提高和进步。"

第三章

打破安逸勇创业

执着追求并从中得到最大快乐的人，才是成功者。

——梭罗

刘建，从一家医药上市公司高管变身为创业者，创办的深圳瑞德林生物技术有限公司入选深圳高成长企业 TOP 100，2023 年入选专精特新"小巨人"企业名单。

　　金晓辉，创办的深圳市氢蓝时代动力科技有限公司入选 2024 年度广东省省级制造业单项冠军企业名单，是该名单中唯一的氢燃料电池领域的企业。

　　黄德强，曾任上市公司达实智能的高管，创办深圳达实旗云健康科技有限公司，与腾讯、华为深度合作，瞄准潜力巨大的新兴医疗 IT 市场。

　　他们本来拥有大型企业的高管身份，为了创业的梦想放弃了稳定的工作和优渥的待遇，选择的这条路充满坎坷和艰辛，可他们义无反顾，勇往直前。

———

"'双长制'管理将瑞德林打造成了人才驱动型组织,行动敏捷、效益显著。"

刘建,深圳瑞德林生物技术有限公司联合创始人、董事长、首席执行官。

-

深圳瑞德林生物技术有限公司 2022 年入选深圳高成长企业 TOP 100 榜单,2023 年入选专精特新"小巨人"企业名单

刘建：

倾心打造合成生物龙头企业

　　深圳瑞德林生物技术有限公司（简称"瑞德林"）董事长刘建是一位从绝症中走出来的勇士，不仅熬过了 5 年的生存期，而且带领创业伙伴创立了合成生物领域的龙头企业瑞德林，员工总数接近 500 人，2023 年入选专精特新"小巨人"企业名单，这是继入选"2022 年度深圳市潜在独角兽企业"名单之后的又一殊荣。

　　令人惊叹的是，瑞德林是一家让投资人"上瘾"的投了还想投的企业。自 2017 年 8 月成立至今，瑞德林累计融资超 7 亿元，获得基石资本、松禾资本、东方富海等约 20 家知名投资机构的投资。不少老股东连续追投，尤其是东方富海大力狂追 4 轮。

　　刘建为何在身患绝症之后，放弃年薪百万的上市企业高管职位，毅然决然走上创业之路呢？他的一番自述让人肃然起敬。

┃ 奋力打拼成为上市公司高管

　　2003 年初，内蒙古青年刘建从兰州大学化学专业毕业后，只身南下深圳。在求职大军中，刘建被刚成立不久的翰宇药业招为研发人员，从最基层的研发助理做起。

"后来，我当上了工程师、高级工程师、研发主管，2010 年又升任研发经理。我自身的转型很顺利，从技术人员转型为管理人员，开始带领研发团队开展工作。"刘建认为自己是个幸运儿，通过努力工作证明了自己的能力，每一步提拔都是顺理成章的事情。

2011 年 4 月，翰宇药业在深交所上市，是中国较早上市的多肽药物企业，上市后业务发展迅猛。2013 年底，刘建被提拔为总裁助理，2015 年初被外派到甘肃主持全面工作。

"2014 年底，公司花了 13.2 亿元收购一家国内制药企业。该企业主营医疗器械和化学药品的研发和生产，其研发的卡式注射笔、卡式注射架及溶药器'二合一'等产品，改变了注射给药方式，提高了注射用药安全性。我当时被派到甘肃天水，相当于做投后管理，需要把一家 300 多人的成熟企业按照现代化经营方式改造升级。我花了大半年时间梳理业务、整顿队伍、拓展市场。"刘建是一个做事雷厉风行的人，外派期间为了把公司销售业务做好，他 20 天跑了 19 个省的市场。

不停地奔波、喝酒应酬，高负荷运转让刘建的身体渐渐吃不消。2016 年春天体检的时候，医生告诉他，他患了颌下腺腺样囊性癌，需要手术治疗，这无异于晴天霹雳，刘建夫妇顿时心如刀割。

｜ 生死关头决定辞职创业

2016 年 5 月 17 日，刘建在深圳做了第一次手术，6 月 10 日又在广州做了第二次手术。在第二次手术前，他跟妻子有一次长谈。

刘建问："我想好了，病如果能治好，我要用余生来创业。以前，我说要辞职创业，你反对，现在我如果能活下来就去创业，你支持吗？"

妻子含泪点头，说道："这次我支持你的决定，我会把所有积蓄拿出来给你做创业的本钱。"

在治疗期间，刘建曾多次翻阅《自卑与超越》这本书，"生命的意义是为集体做贡献"这个观点深深打动了他。刘建回忆道："住院期间，我一下从很多事务中解放出来，我有时间来回顾自己的前半生，也开始认真思考生命的意义。我虽然买了房子，可还有房贷。两个孩子都还小，女儿才一岁多。想到白发苍苍的父母、年幼的孩子、无助的妻子，我觉得我必须为他们做点什么，至少应该攒足他们后半生的生活费我才能放心离开这个世界。我祈祷，如果再让我活一些年头，我一定要创业。除了为家人多挣些钱，我还想实现自己的人生理想——为改变这个世界做点有意义的事情，让自己的生命更有价值。"

刘建想创业的想法由来已久。研发出身的刘建早在2012年就知道，多肽产品除了能应用在医药行业，在大健康领域也有很大的潜力。他说："要在大健康领域做相关的应用，必须突破多肽的生产技术瓶颈。多肽的合成方法相对成熟，主要使用液相和固相化学技术，但普遍存在制造成本高且生产规模小的问题，而在消费与健康领域，往往需要大规模、低成本的生产，传统的化学合成技术无法满足低价的市场需求。我曾跟去美国伊利诺伊大学厄巴纳-香槟分校（UIUC）留学的大学本科同学黄华博士讨论，是否可以用生物技术合成多肽？黄华的回答是'可能可以，但全球没有人这么做过'。我一直想自己下海创业，可之前时机不成熟。得了重病之后，创业成为我人生的唯一梦想。"

刘建的第二次手术做了七八个小时，等候在手术室门外的妻子心急如焚。庆幸的是，手术很成功，医生叮嘱他要静养，情绪不可严重波动，更不能过度操劳，好好保养就能过5年的生存期。

| 从弹尽粮绝到投资商纷纷注资

2016 年秋天，黄华博士从美国回来了，刘建再次跟他探讨，得出一个共识——以酶催化为代表的新一代生物合成技术，是实现肽类生产降本增效的最佳方式。刘建认为启动创业的时机已经成熟。

此时，刘建正式向翰宇药业总裁和董事长提出辞职："我从一无所有的穷小子，到娶妻生子、买车买房，都是在公司工作的 15 年期间完成的，很感激公司多年的培养，现在我要去实现人生的梦想，希望公司能批准。"领导们多次挽留，但刘建去意已决，他在生死关头做下的决定不会再轻易改变。

2017 年 8 月，刘建和另外 5 位联合创始人在深圳市南山区成立了瑞德林，黄华博士担任首席科学家，这是全球首家将合成生物技术应用于肽类规模化生产的企业。

创业的梦想是美好的，但现实总是骨感的。刘建回忆道："创业初期，我们 6 个创始人凑了 100 万元启动经费，创始人每人每月领 3000 元工资。我家里的开销从过去一个月 4 万元，降低到依靠妻子每月 1 万多元的工资，父母从过去在沃尔玛、华润万家采购，改为到宝安大道对面的城中村农批市场买菜，还要货比三家，买最便宜的。第一年熬过去了，2018 年夏天就发不出工资了，几个创始人轮番给企业借款，我第一次借出 50 万元，第二次再借 50 万元，把家里多年的积蓄掏空了，而妻子不仅没有埋怨我，还帮我做父母的思想工作。"

研发型企业前期都是靠不断烧钱才能研制出新产品的，瑞德林也不例外。烧钱要是能砸出好东西，那也是值当的，关键是方向不能错。刘建说："最初也没有想好做什么产品，选择哪类产品可以支撑企业干很长时间。我们反复讨论的结果就是确立了公司的使命——绿色科技成就健康生活，我们的目标是要把多肽产品应用在消费与健康领域，比如食品、农业、化妆品、宠物饲料等多个领域。"

瑞德林位于深圳的研发中心

2019 年 4 月，瑞德林宣布完成数百万元的天使轮融资，由地平线投资领投，深圳瑞恒创业跟投。地平线投资董事长黄祥普表示："很高兴能与瑞德林达成战略合作，我们努力为瑞德林的进一步发展提供支持，也感谢瑞德林给地平线提供投资机遇，希望瑞德林尽早实施产业化融资，后续我们会积极配合和参与。"

2019 年是瑞德林团队埋头研发的关键一年，公司聚集了一批酶工程、发酵工程、分子生物学、人工智能、化学、材料学、药学和工程学等多个领域的海归博士后和大学教授，在全球范围内率先实现将第三代生物技术应用于特色功能性原料的研发与生产，产品覆盖特色原料药、化妆品功能原料、保健品特色原料、功能性分子砌块等领域。

刘建说："2020年我们的技术路线得到验证，做出了批量化的多肽产品，全球科技界也对合成生物非常看好。2020年5月，麦肯锡全球研究院在《生物革命：创新将改变经济、社会和我们的生活》报告中，用'未来10~20年，预计合成生物相关应用每年将对全球产生4万亿美元的直接经济影响'总结合成生物产业的未来价值。因此，我们完成了超过亿元的A轮融资。"此轮融资由东方富海、力合科创联合领投，弘富瑞盈、青岛德臻跟投，公司管理团队和地平线投资追加投资，融资资金主要用于研发平台的持续投入、产品管线快速扩充和商业化生产线的建设。

2021年11月，瑞德林完成了A+轮及A++轮超2亿元股权融资，由松禾资本领投，共建创投、圆海世嘉、宽愉资本、常德财鑫等机构跟投，老股东东方富海、弘富瑞盈、力合泓鑫及公司创业团队进一步追加投资。

2022年10月，瑞德林完成近3亿元B轮股权融资，由基石资本领投，珠海金航、格力集团产投公司、无锡新尚资本、常德开源等机构跟投，老股东东方富海、松禾资本、常德财鑫等继续追加投资，融资资金主要用于研发平台、产业化及人才的持续投入，巩固公司在多学科融合的合成生物技术和"生命分子"多场景应用领域的优势，打造全球领先的"绿色生物智造平台"。刘建说："基石资本董事长张维只跟我聊了不到10分钟，就表态说一定投资我们。他充分践行了'投资就是投人'的理念，对人性和人品的理解非常深刻。后来我受邀参加其公司的活动，感知了基石资本的企业文化，感受到他跟我是同一类人，所以我们惺惺相惜。"

| "双长制"管理给瑞德林发展加速度

投资者为何如此青睐瑞德林？除了其所处的赛道极具潜力外，还有两个关键因素：一是研发实力过硬，不断推出既叫好又叫座的新产品；二是采用"双长制"管理，保证团队的专业性和战斗力。

刘建解释道："所谓'双长制'，就是既有一支由工程师和科学家组成的技术队伍，还有一支拥有敏锐市场洞察力的运营团队，运营团队发现市场需求，技术团队解决行业痛点，做出产品后，再交给运营团队去推向市场。实践证明，'双长制'管理将瑞德林打造成了人才驱动型组织，行动敏捷、效益显著，这满足了合成生物行业发展的需要。"

从 2019 年开始，瑞德林就推行合伙人制度，旨在吸引、培养和留住领域内的顶尖人才。刘建认为，瑞德林的每一位员工都是创业者，每一位创业者都可能成长为合伙人，这样定位之后每个人从"要我干"变成了"我要干"，主动性和积极性被极大地激发出来。因此，在组织管理上，瑞德林推行扁平化管理制度，即"创始人－各业务条线 VP（副总裁）－全体创业者"，此制度确保了决策权能下放到一线，让处于一线"听得见炮声的人"做决策，从而保证公司的发展更为稳健。目前，瑞德林有 7 个持股平台，每年引入一批优秀的创业者，使他们可以分享到公司快速发展的红利。

瑞德林的快速发展取得瞩目成绩，并获得政府各个部门的大力支持。2023 年 11 月，瑞德林申报的"生物合成母乳低聚糖关键技术研发项目"被列为科技计划资助项目，获得深圳市科创委给予的数百万元经费支持。刘建感激地说："我们注册在深圳生物孵化基地，那里配套非常好，提供纯水、污水处理、蒸汽等科研条件，早期还给予我们房租减免，对初创期的生物企业帮助非常大。没有深圳市政府的贴心服务，也没有我们今天的成绩。"

瑞德林6周年庆高管团队合影

超前布局人工智能研究中心

作为一家以合成生物技术为核心的企业，瑞德林的技术团队成员更多是合成生物学方面的专家，化学专业出身的刘建实际上算是个"外行"。可在是否超前布局人工智能这件事上，刘建却发挥了"旁观者清"的作用。

"2020年底，我们完成了超过亿元的A轮融资，公司内部举行了一次关于上不上人工智能的讨论，几乎全部科学家和高管都投了反对票，只有我一个人坚定支持要尽快布局人工智能赛道。因为2020年我们20多人的研发团队只筛选出1~2个有经济性的酶，这样的研发效率实在太低了，而用人工智能辅助筛选和设计，则有可能大大提高筛选和改造酶的效率。

持反对意见的同事们说，人工智能在生物技术领域的应用才刚刚开始，等技术成熟了之后瑞德林再用也不迟。可我问，人工智能是否是最有希望解决酶筛选和改造效率问题的技术？等待技术成熟再应用我们是否还能保持技术领先？如果我们现在在这个赛道上超前介入和探路，说不定我们就能尝到人工智能辅助设计的'头啖汤'。如果不投入，那就很可能错失良机。"刘建据理力争，孤注一掷。2020年底瑞德林找到了英国利兹大学的刘健教授，他是欧盟"人脑计划"的成员，掌握全球最前沿的人工智能研发技术。刘健教授组建了一支小而精的人工智能研究团队，利用先进的人工智能技术，与瑞德林已经建立的生物计算团队合作，提供高质量的酶筛选和改造解决方案。

2022年3月，瑞德林英国人工智能研究中心正式成立，由刘健教授领衔，用最先进的人工智能技术辅助公司的生物计算团队，解决合成生物产业化过程中酶改造效率低下的难题。该研究中心不断发表重磅学术论文和专利，在蛋白质虚拟筛选改造方面发挥了世界级的贡献。

| 人工智能技术助力研发明星产品

2023年12月，历时9个月的"2023了不起的中国原料"大赛正式公布获奖名单。凭借王牌明星产品S玻色因，瑞德林成功获得"中国创新原料奖TOP 10"奖项。

鲜为人知的是，瑞德林S玻色因的诞生借助了最先进的人工智能技术。玻色因最早是由欧莱雅集团从山毛榉树中发现的一种木糖衍生物，由于具有良好的抗衰功效，玻色因自出世便受到化妆品行业的广泛关注。

2019年，欧莱雅集团的玻色因专利到期，众多厂家瞄准这一时机进行仿制。瑞德林对玻色因进行全面调研，发现单一构型的玻色因生物活性更好。而欧莱雅集团之所以不做，是因为用硼氢化钠做还原剂容易产生硼酸，不符合其绿色、环保的经营理念，因此采用了混合构型的玻色因。但混合构型的玻色因溶解性不好，而且是油状体形态，不易保存和使用。

瑞德林团队决定用合成生物技术来做单一构型 S 玻色因，此种玻色因不仅溶解性更好，而且更适合配方的粉末原料，功效更好，透皮吸收效率也更高。黄华博士带领团队，目标是从自然界 4000 万种酶中找到合适的酶来做木糖苷的催化反应。经过几个月的努力，他们锁定了一类候选酶，但其可转化率非常低，因此必须改造出一种酶来承担催化任务。

"当时我们两眼一抹黑，改造哪个氨基酸才有效呢？如果采取盲筛，就有万亿种可能性，时间上根本耗不起，那就借助人工智能筛选和辅助设计，2021 年底我们就有了很好的结果。截至目前，瑞德林已在 S 玻色因相关合成工艺上获得了 3 项发明专利授权，还有 2 项已提交申请。"刘建介绍道。

利用合成生物技术，瑞德林率先开发出纯 S 构型玻色因，与同类原料相比，在功效、稳定性、渗透性等维度具有显著优势。这种玻色因在 2022 年实现批量销售，2023 年卖出了几十吨，价格从过去每公斤上万元降到了每公斤不足 1000 元，让品牌和消费者真正感受到"科技赋能，抗衰自由"。

除了 S 玻色因，瑞德林还利用合成生物和人工智能技术，率先开发出绿色肌肽，这一明星产品可以广泛应用于药品、营养品和化妆品行业。

"肌肽一般由化学法合成，产品中易残留水合肼，影响其在化妆品中的应用。作为胜肽生物合成开创者，瑞德林基于国内领先的绿色生物智造平台，通过酶定向进化技术，在全球率先实现肌肽酶法规模化生产，产品纯度高达 99.9%，不含水合肼，生物基来源 66.7%。"刘建自豪地说，瑞德林的绿色肌肽已获 COSMOS APPROVED（所使用的起始物料全部来源农业成分）认证，产品具有良好的安全性、稳定性和透皮性。此外，实验数据表明，相比同类肌肽产品，瑞德林的绿色肌肽具有更强的抗糖化及抗炎功效。

如今，瑞德林已实现蓝铜肽、S 玻色因、麦角硫因、NAD（烟酰胺腺嘌呤二核苷酸）、司美格鲁肽、HMOs（母乳低聚糖）、肌肽等数十种绿色活性原料的量产，累计为功效护肤、生物医药、营养健康、宠物和动物保健、绿色农业、新材料等领域的超千家品牌及生产企业提供从原料到配方应用、功效和安全评价等全链条的专业支持。

| 绿色活性原料智能工厂投产

经过两年多时间的建设，珠海瑞德林生物有限公司（简称"珠海瑞德林"）百吨级绿色活性原料智能工厂达到正式投产条件。2023 年 6 月 25日，珠海瑞德林在位于金湾区的珠海国际健康港举行投产仪式。

在投产仪式上，刘建致辞："珠海智能工厂的正式运营不仅是企业重要的里程碑事件，也是中国合成生物产业的又一重大进展。瑞德林珠海基地历时 2 年完成建设，总投资近 2 亿元人民币，采用国际先进的柔性设计和智能控制理念，在有限空间里，高密度建成了两条百吨级原料产线和一条吨级原料中试线，综合技术水平国际领先。"

这座智能工厂的设计周期远远长于建设周期，具有几大创新点：一是实现多种产品共线，对多种类的合成生物产品实现柔性化的设计和生产；二是自动化覆盖率高，80% 的生产步骤实现了自动化控制；三是绿色环保，没有其他固态废弃物，因为生产过程中的尾料和副产物可以用于动物保健领域，或者用于治理土壤污染问题；四是工厂的软硬件按照药厂的标准设计和运行。在刘建的规划中，这座工厂除了承担瑞德林现阶段的生产任务，还要为千吨以上的产业化基地落地提供数据支持。

珠海瑞德林智能工厂

刘建对未来的发展坚定而乐观："合成生物产业大有可为，应用领域覆盖医药、食品、化妆品、动物保健、农业、养殖业等。我国未来要实现产业升级和低碳环保的目标，离不开合成生物企业。我是经历过生死的人，选择一个很有发展前景的创业方向来解决行业痛点，这是多么有意义的事情！创业以来，我经历过资本的狂欢，也目睹了行业的内卷，可我始终保持着创业的初心——绿色科技成就健康生活，与一起并肩战斗的创业伙伴们共同成长，集中精力把技术产品做扎实，让瑞德林早日成为全球领先的绿色活性原料巨头。"

——————

"我在创立氢蓝时代之后，尤其重视建设一个具有钢铁意志的团队，提倡艰苦奋斗的精神，着重增加核心骨干对企业的黏性。"

金晓辉，深圳市氢蓝时代动力科技有限公司创始人、董事长。

-

深圳市氢蓝时代动力科技有限公司获第十四届中国深圳创新创业大赛一等奖。

金晓辉：

大湾区氢能产业的"领头羊"

2024 年 7 月底，广东省工业和信息化厅发布 2024 年广东省省级制造业单项冠军企业名单，深圳市氢蓝时代动力科技有限公司（简称"氢蓝时代"）名列其中，是该名单中唯一的氢燃料电池领域的企业，凸显了氢蓝时代作为行业龙头，在研发体系、产业化和市场化等方面具有卓越能力。

氢蓝时代创始人、董事长金晓辉曾任上汽集团和开沃集团高管，为了抓住氢能产业的历史机遇和创业机会，他辞去数百万年薪的高管职务，倾其所有投入创业。他投入的不仅有时间、资金、房产，更有对氢能产业的全部热血和信仰。他克服千难万险，终于把氢蓝时代打造成粤港澳大湾区氢能产业的"领头羊"。

| 负责世博会新能源汽车项目

2010 年 4 月 15 日，上海世博会新能源汽车交车仪式在上海世博园区举行，这是继 2008 年北京奥运会后，我国新能源汽车技术和成果的又一次集中展示，开创了世界最大规模、最复杂工况、最长运营时间的新能源汽车示范运营的纪录。

金晓辉作为上汽集团商用车板块的核心领导，出任上海世博会新能源汽车项目作战指挥部和运营保障部部长，参与组织了这次新能源汽车的示范应用工作。他介绍道："作为全国'节能与新能源汽车示范推广试点工作'的首批试点城市之一，上海市结合世博科技行动计划的实施，在2010年上海世博会期间与科学技术部合作开展1017辆各类新能源汽车示范运行，其中包括纯电动、混合动力、燃料电池、二甲醚、超级电容等5种技术路线，车辆主要由上汽集团、上燃动力、同济大学、清华大学等单位共同研制。上海世博会是引领科技创新的风向标，其间的新能源汽车示范运行对于促进我国新能源汽车技术发展和产业升级具有重大意义。"

他说："这是首次进行千辆级新能源汽车的示范应用，初期有人担心新能源汽车只是'摆样子'，没想到的是新能源汽车能多拉快跑，克服了雷暴、高温等种种极端天气的考验，运营非常成功。2010年以后，政府出台了一系列政策推动新能源汽车的发展，各大车企纷纷加入，推出了多款纯电动汽车、混合动力车。我曾在2011年代表上汽集团推动了当时国内最大规模的换电式电动公交车在青岛的运营。"

金晓辉出生在吉林省吉林市蛟河市，那里有美丽的长白山脉和松花湖，风景优美。可由于煤矿生产和燃煤取暖带来的严重污染，他童年记忆中的天空经常是灰蒙蒙的，车的排气管总是黑黢黢的。他无数次幻想通过技术创新改变环境。当新能源汽车出现在他的视野里时，他感到无比兴奋。"我坚定地认为新能源汽车是汽车产业的未来。我对新能源汽车的各种技术路线进行过深入研究和实践，发现氢燃料电池汽车由于技术难度大，一直处于研发和积累阶段，而电动汽车相对难度要小，所以率先登上了历史舞台。"

| 加入开沃汽车艰苦奋斗极限磨炼

2015 年，金晓辉决定离开上汽集团，加入黄宏生创办的开沃新能源汽车集团股份有限公司（简称"开沃集团"）。

"我在上汽集团工作了 18 年，还有 19 年就到退休年龄了，一眼望到头的生活不是我想要的，在 41 岁这一年我决定接受新的挑战。"在黄宏生的诚挚力邀之下，金晓辉果断辞职加入开沃集团成为执行副总裁，准备在新能源汽车创业公司开创一番新天地。

金晓辉总结道："上汽集团是国内最具现代化管理水平的大型国企，在那里我提升了自己的职业素养，提高了经营管理和战略布局的能力，并以锐意进取的创新精神，被冠以'拼命三郎'的名号。而开沃集团是民营企业家黄宏生创办的，我加盟这家'创维系'的车企之后，发现民营企业家'难修能力，苦修智慧'的精神特质逐渐浸入了我的举手投足中。"

这种艰苦奋斗是需要时间来磨砺的。到开沃集团的最初一段时间里，金晓辉也有些水土不服。比如，到南京办入职后，金晓辉住进了开沃集团的集体宿舍顶楼，房间设施简单，睡了一个晚上手脚都是冰凉的。过去出差都是住星级宾馆，一时间他仿佛从天堂掉进了冰窟窿。第二天起来开门一看，黄宏生就住在对面那间宿舍，他顿时对这位以身作则、艰苦奋斗的民营企业家刮目相看。

从 2015 年到 2018 年，金晓辉陪同黄宏生在新能源汽车领域拼杀，不可避免的是，开沃集团和比亚迪在全国新能源商用车市场全线开战。

"开沃集团是纯电动车领域的新兵，而我们的竞争对手是王传福。我们在深圳、广州、武汉、西安、南京等地展开激烈竞争。与超级对手的充分竞争，也让我得到了锻炼。短短几年，开沃集团在商用电动车领域做到了行业前三。"金晓辉颇为感谢在开沃集团工作期间的收获，"艰苦创业的精神植入了我的基因，这为我日后走上自主创业之路打下坚实的基础。"

｜为了实现创业梦想扎根深圳

金晓辉看到了"氢"作为地球上最清洁和最丰富的能源，正加速走进人类社会的生产和生活，全球范围内的"氢能经济"和"氢能社会"已由点点浪花变为澎湃浪潮，"氢能产业"进入了产业化快速发展的全新阶段。为了抓住千载难逢的机遇，2018年8月，金晓辉在深圳市南山区注册了氢蓝时代，开启了自主创业的新篇章。

"氢能是一种来源丰富、绿色低碳、应用广泛的二次能源，促进氢能产业快速发展，是中国应对全球气候变化、保障国家能源供应安全和实现可持续发展的重大战略选择。在能源安全方面，氢能可以有效降低我国对油气的进口依存度。同时，'电－氢'耦合可以促进可再生能源消纳，降低可再生能源的电力成本，进而实现绿色电能和绿色氢能经济性的共同提高。"金晓辉十分看好氢能的未来，因此创业时便瞄准氢能燃料电池的核心技术发力。

他吸引来加拿大工程院院士王海江教授担任氢蓝时代的首席科学家，并搭建了一支由燃料电池安全领域专家吴国平、燃料电池系统及控制专家曹桂军、电力系统专家施绍有、电堆及膜电极专家欧腾蛟等组成的实力超强的研发团队。

氢蓝时代团队

　　金晓辉拿出自己多年的积蓄，并从铁杆朋友那里筹来1亿元，作为创业启动资金，扎根深圳成为一名披荆斩棘的创业者。从早到晚在公司里连轴转、召开作战会议、招揽人才、购置仪器设备、建实验室和测试平台、主导营销推广——金晓辉就这样离开了自己的"舒适区"，走上了一条荆棘丛生、充满激情的创业之路。他所要的，不是眼前的安逸，而是要向世人证明自己的眼光与能力，要在氢能产业中围绕核心动力设备做一番"补链强链"的重大创新。

| 知名投资机构纷纷注资氢蓝时代

　　金晓辉给自己定的任务是定方向、建队伍、抓市场、找资金。氢蓝时代成立后，瞄准商用车动力需求开展研发工作，经过3年的深度研发，成功发布全国首款 50 千瓦级燃料电池系统——"鹰"系列。

"以客户需求为导向的正向研发底蕴,让氢蓝时代成功拿到了多个城市的首批氢燃料电池公交车动力系统的订单。氢蓝时代瞄准锂电池'无能为力'的场景抢先下手,商用车、重卡、冷链物流车等成为氢蓝时代的重点应用场景。"金晓辉介绍道,"氢能时代组建了一支近 400 人的队伍,其中 260 人是研发人员,这是一支颇具战斗力的、正向开发的研发队伍,打通了'膜电极－电堆／电解槽－燃电系统／储能系统'全链条技术瓶颈。"

2022 年,氢蓝时代氢电动力 11 米大巴车完成玉龙雪山全工况、全路段测试任务

接下来,金晓辉要拓展市场,扩大战果。开拓市场少不了"粮草",金晓辉深谙此道,他对融资伙伴的选择很慎重,力求寻找与自身战略高度契合且能带来长期价值增长的优质投资伙伴。

2021 年 8 月，财政部、工业和信息化部、科技部、国家发展改革委、国家能源局联合发布了《关于启动燃料电池汽车示范应用工作的通知》，同意广东和北京、上海 3 个城市群正式启动实施燃料电池汽车示范应用工作。氢能已承担起"能源战略、双碳战略和新能源汽车迭代创新"的国家使命，行业进入快速发展阶段。在这个时代背景下，氢蓝时代获得由中国国有企业混合所有制改革基金领投、上海申能等跟投的上亿元投资，核心基金的战略投资让氢蓝时代在氢能与燃料电池行业声名远播。

氢蓝时代 2022 年获得山西产业基金、特区建发产业基金、深圳能源和力合科创联合投资，2024 年又获得深圳龙华资本的战略投资。

"这些投资机构除了给资金，还能给企业赋能，带来很多市场资源。比如，深圳能源与我们携手在全国开疆拓土，做了不少示范性的探索。"金晓辉认为与投资机构形成长期战略合作关系极为重要。2022 年 11 月，深圳能源环保股份有限公司批量采购了勾臂式氢能生活垃圾转运车，这批车搭载了氢蓝时代研制的高性能大功率氢燃料电池系统，其功率能力、百公里氢耗、低温启动性能等核心技术指标达到国际领先水平。除了在氢动力领域业务合作外，氢蓝时代和深圳能源在新疆库尔勒打造了新疆首个正式启用的离网式氢储能项目，实现了公司氢储能领域业务正式商业化。

如今，氢蓝时代已形成"动力储能并举"的产品和市场布局，并在储能和发电领域实现了引领。2025 年开年，氢蓝时代中标中国能源建设黑龙江省电力设计院总包的 40 兆瓦氢能发电项目，标的金额 3.7 亿元。据悉，这是目前全球最大规模氢燃料电池（PEM）调峰发电项目，也是国内最大规模氢能调峰发电项目，迈出了我国氢能发电领域迈向规模化、商业化运营的关键一步。

｜这是一个尊重创业者的最好时代

2020 年 11 月 1 日是第二届"深圳企业家日"，深圳市委、市政府隆重举行深圳企业家座谈会，作为深圳市氢能与燃料电池协会会长，金晓辉受邀参会。他代表氢能行业提出一项建议：深圳已经成为全球新能源汽车产业链最完整的城市之一，深圳下一步应把握住产业布局的最佳机遇，建设具有全球影响力的氢能科技、产业创新和先行示范的创新高地，并以"集群式"氢能科技攻关，在全球氢能科技革命和产业变革中赢得主动权。此建议获得高度重视，后来被列为深圳市委、市政府重大督办项目。

2021 年，搭载氢蓝时代全球首款 132 千瓦单堆氢电系统的集装箱卡车在深圳妈湾港运行

政府的高度重视让金晓辉感觉到肩上的使命更重了。自从获得第一笔机构投资开始，金晓辉带领氢蓝时代跑出了"加速度"。目前已经建成国内最大企业级氢燃料电池测试基地，可实现全功率段、全场景应用以及全环境适应性产品的测试闭环，为实现产品在不同环境下应用提供高可靠性验证。该基地被认定为广东省功率燃料电池系统集成与应用工程技术研究中心，还与南方科技大学、中山大学等高校建立了联合实验室，与中汽研汽车检验中心合作建设了联合工程技术研发中心。氢蓝时代率先推出全球首款额定功率132千瓦、260千瓦单堆燃料电池系统，承担全球首例生物制氢综合应用示范项目，持续引领大功率燃料电池技术和氢能应用科技。截至2024年8月，氢蓝时代累计申请专利319项，其中发明专利127项，获得授权的专利达220项。2024年8月，金晓辉和王海江院士在加拿大温哥华成立了氢蓝时代北美研究中心，成为汇聚全球技术和人才资源的重要窗口。

"这是一个尊重创业者的最好时代，深圳为创业者提供了公平公正的创业环境。"金晓辉由衷地赞叹，"我曾在上海、南京等多个城市工作过，深深感受到深圳独特的魅力，这里能够催生出很多执着于创业的'野孩子'，闯过极限赛马和艰苦卓绝的创业初期之后，一旦成长为行业龙头，就能从政府那里获得最大力度的支持，进一步成长为'国之栋梁'。氢蓝时代从2017年筹建以来，通过7年时间成长为行业'领头羊'，2023年入选专精特新'小巨人'企业名单，2024年作为氢燃料电池领域唯一的企业入选广东省省级制造业单项冠军企业名单，我们迎来了最好的黄金发展时期。"

| 深圳千亿级氢能产业蓄势待发

2022 年 3 月，国家发展改革委、国家能源局联合发布《氢能产业发展中长期规划（2021—2025 年）》，首次明确了氢的能源属性，强调氢能是国家能源体系的重要组成部分，并支持符合条件的氢能企业上市。2024 年 2 月，工业和信息化部等七部门联合发布《关于加快推动制造业绿色化发展的指导意见》，提出构建氢能制、储、输、用等全产业链技术装备体系。2024 年全国两会期间，国务院政府工作报告中首次将氢能列为前沿新兴产业，提出要加快发展氢能。2025 年 1 月 1 日，中国能源领域首部具有基础性、统领性的法律——《中华人民共和国能源法》正式施行，从法律层面明确了氢的能源定位。2025 年 3 月全国两会期间，国家发展改革委表示，正在推动设立"航母级"的国家创业投资引导基金，聚焦人工智能、量子科技、氢能储能等前沿领域。

氢燃料电池自动化生产车间

敢为人先的深圳牢牢把握产业机会，深圳市发展和改革委员会2024年5月出台《深圳市氢能产业创新发展行动计划（2024—2025年）》，从打造氢能产业核心技术、建设产业集聚地、建立多场景应用示范基地和配套服务体系多个方面进行了部署。金晓辉称赞这份政策"大礼包"给足了企业信心："该行动计划明确将氢能纳入全市新能源战略性新兴产业集群进行重点培育，提出充分发挥新型储能产业基金作用，加大对氢能重点企业和项目支持力度。这对氢蓝时代来说是最大的利好。"

氢能产业的崛起为氢蓝时代带来巨大机遇，这令金晓辉信心百倍。"氢电更适合应用于运输、商用、船舶、大型交通领域，未来氢电混动将成为动力市场的主流选择。深圳氢能与燃料电池产业布局与发展已较为完善，多场景应用示范项目陆续落地，全市氢能产业基础扎实，蓄势待发，迅猛发展的氢能产业有望催生出巨无霸企业。如今，氢蓝时代已经形成了'陆海空全方位、动力电力并举'的全矩阵产品体系，广泛应用于交通运输车辆和发电储能领域。我有信心带领氢蓝时代高速发展，争取早日成为氢能产业里的'比亚迪'。"

———

"深圳这种务实、开放、包容的氛围真的太适合创业了。"

黄德强，深圳达实旗云健康科技有限公司联合创始人、董事长。

深圳达实旗云健康科技有限公司获评第十一届中国创新创业大赛（成长组）优秀企业、第十四届中国深圳创新创业大赛优秀奖。

黄德强：

大湾区将催生医疗 IT"巨无霸"企业

2023 年 3 月，深圳达实旗云健康科技有限公司（简称"旗云健康"）与腾讯云联合中标深圳市宝安区智慧健康一体化建设项目，中标金额约 1.49 亿元。该项目以建设宝安健康共同体、健康先行示范区为整体目标，以全覆盖、全过程、全业务的管理模式建设，秉持以人民健康为中心的理念，夯实宝安区健康"硬底板"，打造深圳数字健康标杆。

旗云健康董事长黄德强透露："2023 年企业销售额达 2.2 亿元，2024 年近 3 亿元，旗云健康跟腾讯和华为在医疗大数据领域的战略合作逐渐进入收获期。我国医疗健康领域面临的主要问题是资源分布不均和体系不完善，而医疗大数据的运用能提高资源配置效率、优化诊疗流程，助力构建更加精准和高效的医疗服务体系。除此之外，医疗大数据还可以在科研中加速疾病研究和药物开发，用于训练医疗大模型以提升诊疗智能化水平和精准度。可以预见的是，随着医疗大数据和大模型技术的发展，医疗 IT（医疗信息化）产业规模将逐步扩大，成为健康行业高质量发展不可或缺的支柱性产业，为人民群众的健康做出重大贡献。"

| 7 年时间从销售经理到企业高管

2008 年 6 月，27 岁的黄德强到深圳达实智能股份有限公司（简称"达实智能"）面试，面试官是达实智能副总裁吕枫。面试前，黄德强被邀请参加了达实智能节能事业部季度会，当吕枫问起他对公司业务的看法时，黄德强侃侃而谈，阐述了对节能业务的理解和兴趣。吕枫对黄德强的才华给予了肯定，黄德强入职第一天就被作为管理层的接班人来培养。

黄德强从电子科技大学电气工程及自动化专业本科毕业后，入职了太极集团做医药代表，虽然工作 3 年销售业绩还不错，但是医药行业和他的专业不对口，长期发展会有瓶颈，因此他决定换一份能够发挥专业所长的工作。

被招入达实智能之后，黄德强的岗位是销售经理，拿的是当时部门最低的底薪，但他没有因为工资低就不认真做事，反而更看重的是能学习到前人所长，他想用业绩证明自己。入职后的前期培训需要做半个月的售前工程师，由于当时售前部门缺人，他就干了两个月。正是这两个月在技术岗位的深入学习，为他日后的工作打下了坚实的基础。刚进入公司，他就和吕枫出差，为系统崩掉的项目去给客户道歉，他们被客户骂得狗血喷头，足足一个小时不敢抬头。饭间，客户说喝一杯"深水炸弹"这件事情就过去了，黄德强没有犹豫就喝了，他以为自己没事，其实已经流了鼻血。这时又有其他客户要求修改资料，黄德强到隔壁房间一只手用纸巾堵住鼻子，另一只手操作电脑认真修改，生怕喝多后改错。这一幕凑巧被客户看到了，客户对吕枫说："以后我们这里你就不用来了，黄德强这个兄弟我们认定了。"2008 年金融危机的时候，达实智能经营遇到一些困难，黄德强所在部门很多优秀的同事都选择跳槽，但黄德强认为，这正是公司需要自己的时候，他应该加倍努力。于是他带动整个部门加油干，最终业绩没有滑坡反而有所增长。黄德强自嘲说，他是部门的"剩男"，因为"剩"者为王。后面他连升三级，顺利升任节能事业部总经理，也是达实智能第一位"80后"事业部总经理。

2015年，达实智能对黄德强委以重任，提拔他为集团副总裁，分管智慧医疗板块。同年，达实智能以8.7亿元收购了江苏久信医疗科技股份有限公司（简称"久信医疗"）。久信医疗是国内数字化手术室、洁净手术室等医院洁净用房整体解决方案专家，其业务是构成数字医院建设乃至智慧医疗产业链的重要环节。黄德强被委派兼任久信医疗董事长，达实智能由此快速切入医疗专业净化系统建设及数字化手术室领域，布局智慧医疗产业链。

"我在久信医疗做了6年董事长，独立掌控600多人的企业盘子。在此期间，我聚焦公司原有的战略，在核心业务上大胆突破，从过去以环境工程业务为主转为大力拓展软件系统产品，以期占领行业的制高点。在组织层面，当时刚一上任，分管全国营销的总裁就离职了，公司运营情况非常复杂，经过认真分析和调研，我直接调整和任命了3位副总裁。"黄德强说，"我把公司的事情当成自己的事情做，出发点是好的，也相信决策是正确的，就不担心权限问题。"

被收购后的第二年，久信医疗的销售额就翻了两倍，约9亿元，重登行业龙头宝座。黄德强大刀阔斧地进行改革，充分实践着如何做好投后管理工作。

| 遵从自己的内心选择创业

黄德强在担任智慧医疗板块负责人时，曾对全球的智慧医疗业务进行了考察，他发现台湾地区的医疗服务模式和软件支撑系统很有特色，医疗支出仅占台湾地区生产总值的 6% 左右，但做到了民众满意度 80% 以上。当地居民可以看到自己连续的健康档案，并根据健康数据来做健康管理，主管部门则根据数据做好医保控费，有效节约费用开支。同时，台湾地区基层诊所发达，居民在家附近就可以享受到优质的医疗服务。黄德强回忆道："我希望把台湾地区的医疗模式带到大陆来，2016 年达实智能与台湾知名医疗 IT 公司达成意向组建合资公司，但被台湾当局否决了，此事就搁置了。可我心里播下了一颗种子，我觉得这是一件于国于民都有利的好事。"

医疗大数据蕴含的价值很高，不仅可以方便居民就医和健康管理，提高医生诊断准确率，辅助政府监管，还可以加速药物研发，促进保险业务发展，最重要的是可以训练人工智能大模型。但国内医疗数据标准不统一，数据质量不高，各个医疗机构之间的数据没法打通，这是制约行业发展的重大瓶颈之一。

这个行业的门槛也很高。需要非常了解国内的医疗体系现状和发展趋势，对核心技术要有很好的整合能力，同时具备很强的市场拓展能力，才能把医疗大数据事业真正做起来。黄德强认为自己有医药、手术室、智慧医院和医疗大数据的行业经验，也把台湾地区健保系统的技术骨干邀请到团队当中，加上自己有丰富的销售经验，有信心能够做好这份事业。他说："为了人生不留遗憾，我很想在这个方向创业，可一直不敢迈出第一步。"

命运在关键时刻总会给人某种启示，让你朝着人生的理想大胆迈出关键的一步。2019年国庆节前夕，黄德强参加了"中欧行动领导力戈壁远征"课程。此次课程设计是在敦煌附近的戈壁滩上3天行走88公里，一共11支队伍参加比赛，他所在的"旗云队"不是最年轻的一队，可因为夺冠的目标很明确，加上每个成员都发挥了顽强拼搏的精神，结果夺得第一名。

"我在比赛前就发愿，如果这次挑战成功，我就选择创业。而走完这段路程我才真正体会到，与原来设想的情景完全不同的是，取胜的关键并非技巧，而是坚定目标、永不放弃和团结一致。我为这次比赛写下一首诗，也见证我日后创业的初心，'旗云'这个名字也自然成为公司名称和精神符号。"

旗云

茫茫戈壁狼烟起，

雄兵悍将竞豪强。

玄奘西行苦难地，

古堡大风话苍凉。

运筹帷幄睿且智，

决胜千里慨而慷。

旗云将士多壮志，

飞越驼峰创辉煌。

黄德强从戈壁回来后，说服公司把智慧医疗事业部分拆出来，达实智能占35%的股份，黄德强团队占65%的股份。2020年9月，旗云健康在达实智能总部的 19 楼注册成立。

从达实智能孵化出来的旗云健康，做的第一件事就是到四川的青城山开了两天的闭门讨论会。创始团队把公司的使命确定为"致力于把数字健康服务带给每个组织、每个家庭、每个人，构建人人可享的健康城市"，梳理出了创造客户价值、务实奋斗、学习自省和健康向善这四个方面作为公司的价值观，立志成为中国健康医疗大数据领军企业。

│ 投资机构纷纷伸出橄榄枝

旗云健康成立之后，黄德强面临初创企业缺钱、缺人的两大难题。他说："为了解决缺人的困境，我们就用股份招人，把城市级大数据专家、医院大数据专家和顶级战略顾问等一流人才都吸引来，成为公司股东；对员工采取合伙人制，优秀的员工通过持股平台都能成为公司的合伙人。至于缺钱的问题，按照'君子务本'的理念，只要把公司基本面做好了，投资人自然会闻讯而来。"

果然，因黄德强上市企业高管的身份，再加上医疗大数据是全新的赛道，旗云健康一诞生就引来了投资机构的关注。2022 年 1 月，旗云健康完成数千万元战略轮融资，本轮融资由深圳市瑞胜特私募股权投资基金管理有限公司投资，用于推进中台产品研发、创新业务孵化以及升级公司商业模式。

2022 年秋天，旗云健康获评第十一届中国创新创业大赛（成长组）优秀企业，吸引了更多著名的投资机构前来寻求合作。2023 年 4 月，旗云健康宣布完成数千万元 A 轮融资，由深高新投领投，银杏天使跟投，资金用于核心技术研发、新产品布局及市场拓展。

旗云健康获评第十一届中国创新创业大赛（成长组）优秀企业

黄德强兴奋地说："获得投资后的旗云健康将以产品、研发、测试这三驾马车齐驱并进，并聚焦市场扩张，以深圳为中心，打造智慧医疗大数据高地，同时巩固华南、华北、华东大区，形成全国性的市场战力。"

| 从"丢单"到频频中标医疗大数据项目

黄德强率领旗云健康在市场搏击的过程中，不断总结经验教训，越挫越勇，百折不挠。回想起第一个"丢单"事件，黄德强至今仍感慨万千。

"公司实际运行过程中发现，原来最担心的缺人和缺钱的问题都比较好解决，最难的是初创企业在开拓市场的时候会面临缺少知名度、缺乏资质的'拦路虎'。"黄德强坦诚地说，"记得最早的时候，我们在安庆想承接一个区域医疗大数据项目，跟了两年，可到最后要招标的时候，政府部门一看我们是成立不到3年的初创企业，没有大型的成功案例，也没有取得相应的资质，就决定取消跟我们的合作。我记得丢单后整个团队灰心丧气，我告诉团队成员必须提升资质，还要拿下有分量的大单，只有这样，才能打开市场。"

黄德强以身作则，带头考取了国际大数据协会的数据治理师资格证书，并且带动全体员工去考证。在医疗大数据行业，旗云健康第一个获得DCMM（数据管理能力成熟度）3级证书，这标志着公司的数据治理能力达到同行业领先水平。

如今，旗云健康累计签约订单近6亿元合同额，已申请16项发明专利，其中5项获得授权；共申请77项软件著作权，其中70项已授权。2023年5月，深圳市独角兽企业和潜在科技独角兽企业服务对接会在深圳市资本市场学院隆重召开，旗云健康凭借先进的医疗大数据平台建设及运营服务、创新的商业模式，获得"2022年度深圳市潜在科技独角兽企业"称号。

| 收购外资企业上演 "蛇吞象"

2022 年，旗云健康斥资近亿元收购了上海岱嘉医学信息系统有限公司（简称 "岱嘉医学"），上演了一场 "蛇吞象" 的并购大戏。

旗云健康成立不到两年，还不算强大，黄德强并没有并购的意愿。2022 年初，跟岱嘉医学副总经理的一次交流中，他了解到，岱嘉医学经营遇到资金困难，由于美国投资机构准备撤资，这家拥有 20 多年历史的资深软件企业面临倒闭的风险。

沉思半晌，考虑到帮助朋友，更是帮助面临失业的家庭，黄德强建议这位副总经理可以做三件事避免企业倒闭：一是控股股东美国投资机构无条件免除债务并退出；二是更换部分现有的管理团队，激发组织活力；三是找到一家合适的企业谈收购。这几件事如果都能做到，岱嘉医学就至少能保住。

岱嘉医学的管理团队和投资机构认可了这三件事，全部做到了，并决定由旗云健康来收购岱嘉医学 100% 的股权。最终岱嘉医学以近亿元被并购，更名为上海旗云岱嘉医学科技有限公司（简称 "旗云岱嘉"）。

黄德强分析道："岱嘉医学是国内第一家医学影像软件服务商，在医学影像领域知名度很高，在战略角度可以形成 '旗云的文本数据＋岱嘉的影像数据' 的互补。在市场层面，旗云健康成立不久，名气不够大，可以依靠岱嘉医学的品牌和销售网络，把旗云健康的产品及服务拓展到 400 多家医疗机构，打开长江三角洲市场。而岱嘉医学则可以依赖旗云健康，把业务扩展到粤港澳大湾区来。这是一个共赢的并购案例。"

凭借多年的深厚技术积累和行业经验，旗云岱嘉已成功服务 400 多家医疗机构，包括 168 家三级（含三甲）医院。近年来，旗云岱嘉入选上海市专精特新中小企业、上海软件企业核心竞争力评价百强、影像归档和通信系统（PACS）最具竞争力企业 TOP 10 等名单。其核心产品涵盖医疗影像、数字影像云服务、远程诊断，以及区域医疗等多个领域，同时还涉足 AI 影像平台、AI 质控等新兴领域，不断提升产品的技术含量和市场竞争力。

并购以后，旗云岱嘉实现连续的扭亏为盈，并推出基于 B/S 架构的"智影随行"全数字化影像数据应用产品。该产品能够自动识别医疗影像中的异常，识别率达 95% 以上，能辅助医生进行高效诊断。同时，它整合了患者信息、检查记录和影像资料等数据，为医生全面提供患者的信息视图，极大提升了诊疗效率。该产品不仅体现了旗云岱嘉对智慧医疗领域的深刻洞察，更蕴含着对未来医疗影像服务模式的创新思考，进一步巩固了在智慧医疗领域的领先地位。2024 年 6 月，旗云岱嘉与首都医科大学宣武医院达成深度合作，共同推进影像系统升级改造项目，开启了双方共筑健康新篇章的序幕。

｜ 剑指 "医疗数据+AI" 湾区第一

2023 年 3 月，旗云健康与腾讯云联合中标深圳市宝安区智慧健康一体化建设项目，中标金额约 1.49 亿元；2023 年 4 月 14 日，在中国卫生信息技术/健康医疗大数据应用交流大会现场，华为与旗云健康签署深化合作协议，双方将围绕健康城市、区域医疗、智慧医院等领域展开进一步合作，共同探索数字健康新路径，携手推动区域医疗和大健康业务发展。

此后，旗云健康在"医疗数据+AI"赛道上按下加速键。2024 年 12 月，旗云健康和国家健康医疗大数据研究院（深圳）成立医疗大模型联合实验室，这标志着旗云健康正式进军医疗 AI 产业。旗云健康借助人工智能大模型

DeepSeek（深度求索）形成管理者大脑、患者服务大模型和医生助手大模型产品，并于 2025 年 3 月 31 日在宝安区率先发布居民健康智能体产品应用，在保护隐私的前提下为居民提供个性化、精准化的健康服务。

2023 年，黄德强在中国卫生信息技术／健康医疗大数据应用交流大会上发言

　　黄德强乐观地描述"医疗数据+AI"赛道的前景："国家数据局的建立以及《关于构建数据基础制度更好发挥数据要素作用的意见》的出台，均在推动医疗大数据朝着标准化、产业化的方向发展，进而建立完善的交易体系。部分医院开始转变信息化建设思路，借助云技术打造新一代医院数据中心，综合利用各类数据服务临床、决策和科研，提高医院管理的科学化、规范化、精细化水平，由此创造了一个千亿级的新兴医疗 IT 市场，相信旗云健康会成为这个新兴市场中的强有力角逐者。"

不断提高认知水平的自我修炼

　　高管创业者的优势很明显，他们熟悉全球先进的管理理念，积累了丰富的管理经验，还拥有市场、产业、人脉等方方面面的资源优势。企业高管要在自主创业中取得更大的成绩，必须认识到创业过程是不断提高认知水平的自我修炼，不仅要把担任高管期间积累的所有优势在创业中发挥出来，还要继续提高认知水平，只有这样，才能在自主创业的道路上团结更多优秀的人才，开创出更广阔的事业疆域。

　　首先，高管创业者要总结过去在担任高管时所学习到的各种经验，在创业过程中继续发挥优势。氢蓝时代董事长金晓辉曾是上汽集团、开沃集团知名高管，任职期间成绩卓越，他总结道："作为企业高管，我在两个大企业工作都有重要收获。在上汽集团期间，我曾在计划物流部、生产部、人力资源部、质量保证部、营销中心等多个部门担任负责人，后来还担任了下属子公司上汽申沃、上汽青岛、上汽唐山等多家企业的总经理，学习到了现代化管理和精细化管理模式。在开沃集团，我则学习到艰苦奋斗的精神，以及如何制定企业发展战略，并助推开沃集团成为行业头部企业。在民营企业工作的时候，我意识到平台优势的重要性，必须依靠强有力的团队作战，才能在激烈残酷的市场竞争中胜出。因此，我在创立氢蓝时代之后，尤其重视建设一个具有钢铁意志的团队，提倡艰苦奋斗的精神，着重增加核心骨干对企业的黏性，让骨干员工在实战中获得锻炼，提档升级，还有机会成为公司股东。"

其次，高管创业者要认清自身的短板，用智慧和毅力来化解创业中遇到的各种困难和压力。高管创业者都不约而同地提到自主创业比当企业高管的压力更大，旗云健康董事长黄德强曾是上市公司达实智能的高管，他直言："创业确实比做高管辛苦得多，不论是体力上的压力还是心理上的压力，都高了很多。"又如，瑞德林董事长刘建说："高管的短板很明显。一是高管实质上是大企业的一颗螺丝钉，需要依靠平台和团队来做事情；二是在大企业当高管可以'一俊遮百丑'，只要做好分管的工作就能得'优秀'，其他的弱点没有充分暴露出来。一旦走上创业之路，你就得是全能冠军，需要足够'接地气'，很多时候需要亲力亲为，在研发的道路上可能遇到无数次的失败，因此还需要坚韧的意志。可以说，创业者的压力是高管的许多倍，一定要在认知水平上有所提升，才能面对这些压力和困难。"曾身患绝症却毅然选择创业，刘建是如何化解压力的呢？他的答案是把创业当作一场修炼：一方面，在企业经营过程中管理好情绪，不在情绪波动的时候做重要的决定；另一方面，在企业管理中做好分享，打破各种执念。因为高管创业会带有以往工作中打下的企业管理和文化的烙印，自主创业后，不仅要打破过去的束缚，还要在创业过程中实现创新和超越。为了吸引、培养和留住顶尖人才，在创业初期，刘建就采取了"双长制创业""共生型团队""合伙人制度"等一系列创新的管理制度，化解未来可能遇到的问题。而这些前瞻性的管理理念和制度，也确实为瑞德林的快步前行提供了有力保障。

最后，高管创业者要善于学习，不断提高认知水平，突破自身的短板和局限。黄德强说："为了做出更多正确的决策，我必须提高认知水平。

比如，在做高管的时候，我把公司的事情当作自己的事情做，决策时就能与董事长同频。而创业的时候，我则把公司当作大家的，那样在分权和分钱时就不会舍不得。不把公司视为自己的，做决策的时候就会更冷静，也会更愿意分享。"走上创业道路之后，黄德强发现自己随时都在学习和提高，尤其在跟他人交流的时候，倘若获得指点，他便及时采纳，运用于企业经营管理中，这让他感到无比受用。例如，投资人帮助旗云健康创始团队洞察到了没有想到的企业价值；腾讯、华为等科技企业高管的多次指点，也让黄德强受益匪浅；深圳相关部门的专业性和开放思路则给了旗云健康很大的启发和发展信心。

第四章

海归圆梦在鹏城

各出所学，各尽所知，使国家
富强不受外侮，足以自立于地球之
上。

—— 詹天佑

臧凯，美国斯坦福大学博士，现任深圳市灵明光子科技有限公司董事长、首席执行官。深圳市灵明光子科技有限公司获第八届中国创新创业大赛电子信息行业全国总决赛初创组一等奖。

　　林鹤全，英国曼彻斯特大学硕士、创办杉木（深圳）生物科技有限公司，入选 2022 年"科创中国"青年创业榜单 – 深圳 U30、2023 年胡润 U30 中国创业先锋。

　　赵陆洋，美国北卡罗来纳州立大学博士，创办的深圳赛陆医疗科技有限公司获科技部 2022 年度全国颠覆性技术创新大赛领域赛优秀奖，入选 2022 年深圳高成长企业 TOP 100 榜单。

　　王阳，日本东京大学研究员，创办的明程电机技术（深圳）有限公司研制了多款新型工业电机，2021 年获得第十三届中国深圳创新创业大赛新能源及节能环保行业决赛企业组一等奖。

　　他们都有海外留学的经历，怀着一颗赤子之心归国创业，在深圳这个创新之城上实现了实业报国的梦想。

"通过深入了解市场的需求，了解客户对性价比的要求，接受高难度挑战，拼尽全力研制出最优性价比产品，来满足客户的真实需求。"

臧凯，深圳市灵明光子科技有限公司董事长、首席执行官。

深圳市灵明光子科技有限公司获第八届中国创新创业大赛电子信息行业全国总决赛初创组一等奖，入选专精特新"小巨人"企业名单。

臧凯：

学霸创业的"升级打怪"之路

2024 年 7 月，深圳市灵明光子科技有限公司（简称"灵明光子"）与上汽集团正式签约，这标志着灵明光子与上汽集团展开了实质性的战略合作。

灵明光子掌舵人臧凯，博士毕业于美国斯坦福大学电子工程系，是一名典型的学霸创业者。其创业团队于 2019 年获第八届中国创新创业大赛电子信息行业全国总决赛初创组一等奖之后，就成为众多投资机构追捧的对象，多个产业投资方陆续成为灵明光子的投资者。

即便如此成功，臧凯也并不认为创业是一条容易走的路，他说："我们即将迎来成立 7 周年的纪念日，我们每两年会遇到一个大坎，如果跨不过去企业就倒闭了。毫不夸张地说，创业好比一条坚持不懈的升级打怪之路。"

| 坚信读书能够改变人生

2007 年，山东小伙子臧凯考上了北京大学信息科学技术学院电子学系。在顶级学府里他没有丝毫松懈，始终保持全年级第一的优异成绩，并且拿到了经济学的双学士学位。2011 年本科毕业后，他顺利被美国斯坦福大学电子工程系录取。

2017 年，他顺利获得博士学位，导师 James Harris（詹姆斯·哈里斯）教授是国际知名的半导体光电专家、美国工程院院士。

臧凯说："我坚信读书能够改变人生，站在更高的维度思考问题，视野和心境会大不同。我在美国斯坦福大学的 ACCEL 领导力计划项目中学会了一个道理，那就是当你足够坦诚，会交到非常优秀的朋友。在以后的生活中，我始终坚持这一原则。当阅读到很出色的学术论文时，我会给作者发一封致谢邮件，其中有一封邮件发给了在荷兰代尔夫特理工大学的一位华人留学生，他跟我通过微信交流后，又介绍了荷兰代尔夫特理工大学的张超博士给我认识。2018 年 5 月，我要回国创业时，给张超博士发出邀请，他也很快从欧洲回国，成为灵明光子的初创团队成员，现在是灵明光子的 CTO（首席技术官）。"

美国斯坦福大学的 James Harris 教授本身就是一位在美国创业领域非常活跃的科学家，臧凯看到导师同时推动了多个项目的商业化落地。在导师的带动下，他博士阶段的科研涵盖了半导体器件和集成光电系统的设计、仿真、建模、材料生长、加工工艺和测量，以及基于 SPAD（单光子雪崩探测器）的 3D 成像系统和算法。臧凯说："我博士阶段研究的方向其实就与创业的方向相关，而张超在荷兰代尔夫特理工大学师从 SPAD 领域的权威专家 Edoardo Charbon（爱德华多·夏博）教授，从事 SPAD 芯片研发设计。我们俩组成团队正好可以强强结合，研制 SPAD 芯片，这是帮助现代电子设备实现 3D 感知的核心器件，能广泛应用于汽车、智能手机、机器人、自动控制、人机交互、智慧家居等领域。"

| 个人价值取决于为社会创造多少价值

臧凯博士毕业后，曾在微软总部西雅图 Hololens 虚拟现实产品组工作了一年多时间，他很珍惜在这家跨国公司工作的机会。"微软是一个开放的平台，在那里我结识了不少优秀的朋友，我们一起健身，一起郊游。除了做好虚拟现实产品的研发，我还与微软其他部门合作，深度了解大公司是如何运作的，以及如何将战略拆解落地。在美国工作期间，我也时常会思考创业的事情，我的人生价值观是所做的事业一定要经世致用，因为个人的价值取决于为社会创造多少价值，如果能用技术改变人们的生活，个人的价值才能体现出来。因此我和志同道合的伙伴们回国创立灵明光子，在公司内部也提倡要为客户创造更多的价值。未来的数字化世界不仅需要图像的色彩信息，还需要三维信息。正是看好 3D 视觉赛道未来有望达到千亿美元的巨大市场，我决定回国创业。"

2018 年 5 月 30 日，灵明光子在深圳市南山区清华信息港注册成立，在 400 平方米的办公场地内，臧凯、李爽、张超以及来自美国斯坦福大学和北京大学的师兄弟带领一群年轻人开始了创业之旅。

"创业最初的两年，是摸着石头过河的阶段，我把公司当成实验室，以科研工作为主，关键技术突破是重中之重。"臧凯说，"2020 年公司进入创业的第二阶段——打磨产品。海归博士创业在技术上总是追求最优，但客户不一定最需要这个。我们要深入了解客户的真实需求，而不是坐在办公室里想当然。我们必须走出去，广泛接触客户，跟客户打成一片。供应商和客户之间的关系有时候像恋人，得想方设法感动对方。因为我们都是海外回国的，在行业内既没有多少现成的人脉，又没有相关的市场营销经验，最好的办法是民主地一起探讨如何赢得客户。我们最初去向客户推广 SPAD 芯片的时候，客户嘴上一直说'你们不靠谱'，但对我们表现得还是很热情，并且很乐意一同探讨新产品的性能，最终我们还是成功了。这说明追求客户的时候，不要管他说啥，而要看客户做啥，行动往往比语言要更真实。因此我又把创业的第二阶段命名为接受市场教育的阶段。"

灵明光子创始人团队，从左到右分别为张超、臧凯、李爽

｜ 最大挑战是实现最优性价比

2021 年下半年，臧凯率领的灵明光子团队进入"升级打怪"的第三阶段——衡量量产、毛利、良率等多个经营指标，这个阶段不光考验研发能力，还考验产品化能力和经营管理能力。

臧凯坦率地说："这个阶段最大的挑战是实现最优性价比。我们充分尊重业界的声音，结识了许多行业前辈，向他们取经。如果客户需要更具性价比的产品，我们就想方设法达到这个指标实现量产。2021年，公司做了重要的战略转型，决定既做消费类的产品，又针对车载市场推出相关产品。"

在臧凯看来，要实现最优性价比可以通过三种办法：一是通过技术创新降低成本，大幅度降低成本的本质来自技术创新；二是通过优化供应链降低成本，当采购量足够大，就能在供应链上获得更大的降本空间；三是降低客户使用成本，灵明光子的芯片可以实现自校准、自修复，可通过远程修复降低客户的使用成本。

围绕如何通过技术创新降低成本，臧凯侃侃而谈，因为这是他和团队创业以来主要思考的问题。"3D传感技术正扩展至消费电子、汽车电子和工业控制等尖端应用领域，其中基于SPAD的dToF（直接飞行时间）技术是3D传感领域的最前沿技术，即通过探测光脉冲的飞行往返时间来得到目标物距离，进而获得物体的3D成像。该技术凭借优越的测距能力、功耗经济性和抗干扰能力，近年来备受产业界瞩目。特别是在2020年苹果公司发布搭载dToF成像方案的手机生态系统，以及索尼公司发布搭载dToF方案的车载激光雷达方案之后，市场对于先进dToF成像芯片的需求爆增。"

"我们是国内第一家沿着这个思路推出相应激光雷达产品的公司，这是一条比较稳妥的市场路线，借助摄像头的成熟而廉价的供应链优势，dToF成像芯片成本可以大幅降低。2021年7月，灵明光子正式发布了自主研发的、采用全球先进背照式3D堆叠工艺技术的dToF单光子成像传感器，综合性能达到国际一流水平，为高端消费电子、激光雷达以及其他3D感知应用提供了全新的解决方案，这也是国内首款采用3D堆叠工艺技术的dToF传感芯片。"臧凯介绍，灵明光子将背照式的传感芯片晶圆和数字逻辑电路晶圆进行混合键合，从而实现了优秀的性能效果和系统集成度，有效提升了感知效率和产品性价比。

通过与客户多年的紧密合作，灵明光子推出的 SPAD 成像芯片已经完成多个基于汽车、手机、AR、VR、机器人等场景的落地应用。通过深耕国内外多个供应链体系，灵明光子确保了生产供应质量的全方位稳定，产品质量符合 ISO 9001、IATF 16949、AEC-Q 100 和 AEC-Q 102 等多个重量级质量管理体系标准的要求。

灵明光子成功通过 AEC-Q102 车规级可靠性认证

｜ 斩获一等奖吸引重金投资

2019 年金秋，灵明光子获第八届中国创新创业大赛电子信息行业全国总决赛初创组一等奖，年仅 30 岁的臧凯站在镁光灯下，接受各大媒体采访，各路投资商主动上门洽谈合作，尚未在市场上打开销路的灵明光子已然成为资本市场的新宠。截至 2024 年初，灵明光子已累计获得超过 5 亿元融资，大笔资金的注入为灵明光子的迅猛发展提供强劲动力。

从帮助快速起步的天使轮融资，到 2019—2020 年的 A 轮及其战略轮融资，灵明光子不仅获得昆仲资本、联想之星、光速中国、CPE 峰源等知名财投的关注，更受到小米、欧菲光等产业资本的青睐，累计获得超亿元融资。2021 年 1 月，灵明光子完成由高榕资本领投、OPPO 跟投的近亿元 B 轮融资，这笔投资用于推进先进 dToF 传感技术的研发、高端技术人才的引进，以及将产品从消费电子向包括固态激光雷达和 AR/VR 设备在内的其他领域拓展。2022 年 3 月，灵明光子完成数亿元的 C 轮融资，投资方包括美团龙珠、昆仲资本、高榕资本、基石资本、谷雨嘉禾等多家知名机构。

这些投资让灵明光子安全度过产品研发打磨期，2022 年开始实现批量销售，联想、小米等知名企业纷纷成为灵明光子的客户，灵明光子发展势头喜人。

作为一家行业领先的 3D 传感器芯片和解决方案提供商，灵明光子于 2023 年 6 月完成 C+ 轮融资，引入上汽创投作为新股东。本轮融资资金继续用于 3D 传感器芯片的研发以及量产。臧凯说："新一轮融资的完成，体现了新老股东对灵明光子在车规级产品方面领先技术实力的认可。2023 年是纯固态激光雷达登上历史舞台的元年，也是灵明光子发布纯固态的面阵型车载激光雷达 SPAD 芯片 ADS 6311 的第一年。ADS 6311 将国产化解决方案推上全新的高维度，像素分辨率领先海外厂商同类产品 4.5 倍，可广泛适用于车载、机器人、智能家居等纯固态激光雷达领域，并且未来分辨率还将会持续提升，这是吸引上汽创投重磅注资的主要原因。"

他表示，未来的激光雷达将在形态上接近 3D 摄像头，基于 3D 堆叠的 SPAD 芯片、发射端和镜头，使得车载与工业激光雷达从一个专业领域精密仪器进化为一个可大规模量产、应用范围更广的产品。当前，灵明光子的 SPAD 芯片

ADS 6311 已获得多家国际激光雷达厂商与汽车主机厂的高度认可和合作订单。

| 海归博士盛赞深圳的创业环境

灵明光子凭借过硬的创新能力，获得高新技术企业认定，入选专精特新"小巨人"企业名单。目前，灵明光子已经申请了专利 211 项，其中，国内专利 187 项，国外专利 24 项。

"我非常赞叹深圳的创业环境。作为海归创业者，我们在深圳并没有丰富的人脉资源。而我本人和团队都来自底层，特别喜欢公平公正的舞台。深圳公开透明的营商环境，给创业者提供了更好的创业空间，让我们可以安居乐业。根据深圳人才政策，我们申请到了 8 套人才房，南山区政府提供了南山区领航人才卡，帮助企业高端人才解决子女就学难题。公司自 2021 年 5 月搬入南山智园崇文园区，依据政策享受租金 5 折优惠；2023年入选专精特新'小巨人'企业名单后，2700 平方米的办公场地租金直接在原价格的基础上打了 3 折。"臧凯对深圳为创业者提供的各种优惠政策十分熟悉。

2023 年底，灵明光子作为 ToF（飞行时间）传感器领域的唯一代表参与编写的智能家电行业指导性文件——《智能家电传感器产业应用蓝皮书》发布。这体现了灵明光子在传感器领域的创新技术实力和产业影响力，其持续创新的研发能力、专业化的发展战略和品牌影响力也得到了来自产业联盟的充分肯定。

| 全面拥抱人工智能时代

2024年，灵明光子收获颇丰，在2024半导体投资年会暨IC风云榜颁奖典礼上摘下"年度车规芯片技术突破奖"，还依托产业链在广泛的下游市场中横向拓展。

臧凯说："随着人形机器人、监控摄像头、AGV（自动导引车）等都在朝着智能化、网络化、交互化方向发展，产品对传感器的要求也在不断提高，车规级认证也成为工控、安防等领域选用芯片的重要参考之一。当前灵明光子产品已获得车规级认证及汽车市场的验证，这为下一步拓展工控、安防应用场景打下了坚实的基础。人工智能时代带来非常多的新机会，灵明光子会用技术创新去挖掘行业中的富矿。"

展望未来，臧凯胸有成竹地说："灵明光子未来将全面拥抱人工智能时代，以期实现飞速发展。在人工智能时代，数据、算力和能源三个要素都可以给灵明光子带来营收。首先，对业界众多人才进行专业的教育和培训，是一种商业机会。其次，AI时代的摄像头将产生海量数据，其在无人机、安防摄像头、机器人和无人驾驶汽车上的广泛运用会让我们的传感器产生很多数据，这些数据能创造不少经济效益，大疆、腾讯等都可能成为我们的客户。最后，算力应用是一个新兴业务领域，激光雷达技术还能用于光通信领域，英伟达的Tier 1（一级供应商）最近就给了我们一个大合同。"

正所谓天时地利人和，灵明光子已驶入快车道。公司2023年销售额达数千万元，2024年销售额突破亿元，2025年的销售目标是数亿元。臧凯乐观地预测，在未来几年，企业营收将实现翻倍增长。

———

"海归创业要强调技术性，但技术领先不是成功的唯一条件，还需要抓住产业风口，评估全球供应链的技术能力能否让产品量产。"

林鹤全，杉木（深圳）生物科技有限公司创始人、首席执行官，入选 2022 年"科创中国"青年创业榜单 - 深圳 U30、2023 年胡润 U30 中国创业先锋。

-

杉木（深圳）生物科技有限公司获第十四届中国深圳创新创业大赛优秀奖、北大汇丰 - 剑桥嘉治全球创新创业大赛 2024 赛季总冠军、2025 年度美国"CES 创新奖"。

林鹤全：

AI 医疗领域的颠覆性创新者

　　杉木（深圳）生物科技有限公司（简称"杉木"）花 4 年时间研制的鼠标大小的医疗机器人，是全球最小型化、高精密的全自动医疗级生化分析仪，在一致性、灵敏度、特异性上与医院百万级的自动生化分析仪遵循一套标准。目前该医疗机器人已获得国家药品监督管理局颁发的二类医疗器械认证、欧盟的 CE 认证。这标志着杉木在 AI 家庭医疗机器人上获得重大突破，同时也是杉木在 AI 医疗领域全球化布局的一个里程碑事件。

　　杉木创始人、首席执行官林鹤全说，这一医疗级的"感知系列"产品还在申请美国 FDA 认证，相信在不久的将来，杉木的创新产品会走进千家万户，为更多民众的健康保驾护航，成为"科技普惠"的代表性创新产品。

　　在短短半年时间，杉木完成了三轮数千万元的融资。除了启赋资本、浩方创投的千万级天使轮投资属于财务投资外，龙头企业云鲸智能和松霖投资不仅给钱，还给大订单，是非常优秀的产业投资机构。那么，这位"90 后"创业者林鹤全为何能成为资本市场的"香饽饽"呢？

｜ 趁早创业　活学活用

　　林鹤全出生于广东揭阳一个做传统生意的家庭，在五个兄弟姐妹中排行老二。他自幼就喜欢幻想，总有许多奇思妙想。

17岁那年，林鹤全看到老家街头时尚爱好崛起，很多年轻人想学习唱歌和跳舞，而当地做艺术培训的都是家庭作坊式，缺乏规模和品牌。他灵机一动，与初中同学方森林合伙租下一个2000平方米的场地，精心装修成专业培训机构，再联合几位艺术老师，由他负责统一招生、统一管理和统一培训。通过这个被命名为"紫冠协会"的艺术培训工作室，他靠自己的努力赚到了人生第一桶金。

为了以后能顺利进入大学学习，林鹤全在父亲的强烈要求下，转让了紫冠协会的经营管理权，将全部精力投入学习。

埃隆·马斯克是林鹤全的偶像，他了解到马斯克的本科就是读的经济学，于是在20岁那年申请到英国读经济数学系预科。在这期间，他认识了3个志同道合的朋友——顾泽鑫、顾伟嘉和潘宇杰，几个年轻人一拍即合，2015年在深圳注册成立了深圳梧桐树下资本管理有限公司，主要业务是承揽上市公司的定向增发、并购和债券基金，两年时间赚到了几百万元。

"这是我留学英国的学费，而且由于这次早期的金融领域创业经历，我后来回国创业与投资商合作的时候，得以更客观地分析企业在资本市场上的亮点和价值，比其他的创业者多了一个维度。"林鹤全很赞成"创业要趁早"的观点，认为可以更早地知道创业需要哪些知识，在读大学的时候就能有的放矢，活学活用。比如，本科选择读经济数学专业，是因为要判断经济周期就必须懂得看经济模型，要进行科技领域的创业还需要预判替代技术什么时候会出现。最优秀的创业者一定是懂得看经济周期和技术迭代周期的，为了让自己具备这两项能力，他选择了经济数学专业方向。

| 边求学边创业　喜获天使投资

多年前刚到英国读大学一年级时，在一次体检中，林鹤全才发现自己有高尿酸和高血脂，但身体并没有感觉有任何不适。"我这时才知道，像慢性肾炎、糖尿病、高尿酸血症等慢性疾病早期都没有症状，等到出现症状再去就医，往往错过最佳治疗时间。"林鹤全一边吐槽这次体检体验，一边介绍自己的创业初心，"为了做一次体检，我需要提前两个月预约排队。在英国，医疗是免费的，免费就意味着医疗资源会出现挤兑，效率很低。我想能否有一个产品可以做到在发病前预警，并告诉患者在家里如何初步治疗，这样就能减少对医疗机构的依赖，提高自我对健康的监督和管理。"

林鹤全是一个行动派，一旦想法成型，就开始寻找创业伙伴。他结识了北京大学毕业的杨海申，后来又找到之前一起创业的合伙人顾伟嘉，组成核心研发团队。他们每个星期都开技术碰头会，通过一年的摸索，做出了具有颠覆性意义的全自动医疗级生物分析仪原型机，并于2020年在英国伦敦注册了一家科技企业，开始在英国帝国理工学院做产品临床测试。

2020年春节，林鹤全回到国内，试图寻求投资支持。然而，那半个月里很难与投资机构的投资人会面，即使见了几位投资人，都说看不懂他的项目而一无所获。

林鹤全准备回英国继续硕士学业，在深圳机场候机的时候，突然接到一位新认识的投资人麦灿辉的电话，麦灿辉说见面之后他思考了几天，认为全自动医疗级生物分析仪这一"黑科技"产品未来会有很好的应用前景，他想投资500万元，先打100万元订金给林鹤全，并叮嘱林鹤全早日回国创办企业。

"我们没有签合同，他就直接打了 100 万元订金给我。飞机正在跑道上滑行，准备起飞，我的内心超级感动，这份沉甸甸的信任给予我极大的鼓励。"林鹤全带着天使投资人的信任和期待，回到了英国大学校园，一边读书，一边继续做产品的测试和完善工作。

｜读书为了创业　让知识变现

2020 年，林鹤全在英国曼彻斯特大学攻读创新管理专业硕士学位，他透露自己读书的目的就是为创业服务的："我当时在做产品研发时候，就想如何才能进行有效的、持续的技术创新。创新管理专业正是介绍创新范式，以及如何训练创新思维，研究创新点子是否有商业价值，我觉得这非常符合我创业的需要。"

要想做出全自动医疗级生物分析仪，需要用到微流控芯片，这种超小型化的零部件目前的供应链技术是跟不上的。并且，这种芯片在市场上的价格从几万元到几十万元不等，根本不可能制作出几千元一台的分析仪。如果用如此昂贵的原件，产品即使做出来也无法销售出去，更不可能走入普通消费者家庭。他需要做源头创新，在功能不打折的基础上，分析仪的价格要降至几十分之一，甚至更低。

创新之路是十分艰难而孤独的，他常常用马斯克的故事激励自己。"我也有一个梦想——科技改变生活，AI 赋能硬件，帮助人类更好地进行健康管理。"林鹤全和顾伟嘉、陈越云、陈曦等，用三年时间研发出超小型的蠕动泵、可重复使用的微流控芯片、生化反应的试剂。林鹤全自豪地介绍，像这样的创新有几十种，杉木已申请了上百项专利，60% 是发明专利。

2023 年，林鹤全又开始攻读天津大学－佐治亚理工深圳学院环境科学的第二硕士学位。他说："创业过程中，我遇到数字微流控技术难题的时候，就希望通过深造去掌握流体、仿生和纳米等相关技术，因此选择了工科专业方向。我需要了解这些新技术的基本原理，这样在选择技术迭代方向的时候可以快速做出决定，更好地规划研发路线和管理技术团队。"

读书是为了更好地创业，知识变现能力其实是体现在创业过程中的，这就是林鹤全对读书的独特看法。

| 深圳创业受青睐　产品创新获助力

2021年5月，林鹤全回国，杉木在深圳市南山区正式开始运作。这是一支由海归领衔的创业团队，部分研发人员来自美国谷歌总部、哥伦比亚大学医学院、复旦大学环境科学与工程系等。冲着豪华的创业团队和AI医疗级诊断产品，启赋资本、浩方创投提供了千万级天使轮投资。

林鹤全拿出一本获奖证书，介绍道："2022年秋天，我们在线上参加了第十四届中国深圳创新创业大赛，获得优秀奖，吸引了不少投资机构的关注。这也是我一回国就能接触到很多优秀投资机构的原因，参加深创赛给我们带来了投资机构和产业上下游丰富的资源，为我们创业提供了很多便利条件。"

投资者对颠覆式创新也是无比渴求的，尤其是产业投资者，对自己熟悉的行业里产生的"黑科技"更是高看一眼，厚爱三分。比如，作为杉木的第三轮投资者，国内卫浴行业的上市企业厦门松霖科技股份有限公司（简称"松霖科技"）认为，将杉木的全自动医疗级生物分析仪模块组合到智能马桶中，对松霖科技生产的卫浴产品无疑是重大升级。

杉木团队

松霖科技战略投资部执行总经理韩宗谕如此评价："杉木团队在产品结构创新、生化试剂研发和 AI 垂直模型方面具有显著优势。通过'垂直大模型＋医疗级消费硬件'的组合，杉木能够以无感、经济的方式提供连续、高精度的代谢数据，并基于垂直大模型深度探索，有机会为用户创造前所未有的健康管理价值。实际上，AI+ 推动大健康产业的创新和发展已经逐渐成为行业普遍共识。期待杉木的颠覆性技术创新和先发的商业模型与松霖科技产业优势深度结合，为全球用户创造新价值。"

2024 年 5 月，由松霖投资领投，庚辛资本、万物为资本跟投的数千万元投资资金注入杉木。林鹤全透露，这笔资金主要用于"感知系列"产品的量产、出海的团队建设和市场推广。

庚辛资本合伙人吴鹏同样高度评价了杉木的颠覆性技术："杉木团队将医疗级设备的尺寸小型化、结构创新化、价格消费化、体验无感化，打造出了高壁垒的创新硬件，并以硬件为入口，积累连续、长时间、真实的海量用户健康数据。杉木健康数据库加上大模型，有望让杉木的产品大规模地在家庭中普及，将人类的健康管理带上前所未有的高度。"

| 瞄准全球市场　出海指日可待

林鹤全分享了一项调查结果：2024 年 1 月，杉木对 200 个海内外家庭的成员、15 家市场机构进行深度访谈，超过 85% 的家庭成员认为完全能接受"感知系列"产品。他们关心家庭成员的健康远高于关心自己的，就如同购买家庭保险一样的心态。相较于男性用户，女性用户的尝试意愿会更强烈，而以美国和英国为主的海外家庭成员，则表现得更为兴奋。

"杉木立志成为人工智能时代全球第一家 AI 家庭医生机器人企业，我们研发的医疗级产品，致力于为个人、家庭和医疗机构提供数字化医疗系统解决方案。通过持续模拟代谢的特质和规律，标记出疾病跟健康之间的关联，设定不同的疾病管理周期，可以有效帮助每个人更好地管理自己的健康。"林鹤全胸有成竹地说，"在未来，我们可以不用担心家人和自己的健康隐匿问题，把主动就诊变成'被动干预'。AI 会构成一个全新的医疗感知生态，基于用户实时的多生物项指标数据收集和分析，将用户饮食作息、遗传疾病、DNA 表现等个人的数据维度串联起来，形成个性化的健康数据库，这能够对疾病干预、诊断、药物治疗反馈等做出超乎人类医生专家的反馈。"

站在人工智能的风口，林鹤全成功地切入了 AI 医疗赛道，并通过持续技术创新研制出满足市场刚需的产品，2025 年杉木需要交付数十万套产品，这是一个巨大的压力，同样也是巨大的机会。他的梦想正在深圳这片神奇的土地上绽放，璀璨夺目，令人期待。

———

"我们不做缝缝补补的创新，要做颠覆性的创新，必须要用全球眼光来衡量我们的创新成果。"

赵陆洋，深圳赛陆医疗科技有限公司创始人、首席执行官。

-

深圳赛陆医疗科技有限公司入选专精特新"小巨人"企业名单、2022 年深圳高成长企业 TOP 100 榜单，获 2024 年粤港澳大湾区高价值专利培育布局大赛金奖、科技部 2022 年度全国颠覆性技术创新大赛领域赛优秀奖。

赵陆洋：

瞄准医疗设备赛道矢志创新

2023 年 12 月，"2023 德勤中国医药健康明日之星"榜单揭晓，深圳赛陆医疗科技有限公司（简称"赛陆医疗"）作为基因测序和空间组学领域极具成长潜力的企业名列其中。

赛陆医疗的创始人、首席执行官赵陆洋博士自豪地说："我们自成立以来，办公场地从最初的 10 平方米扩展到 12000 平方米，团队人数从最初的 4 人拓展到 220 人，发布 4 款自主研发的全球领先产品。其中基因测序仪 Salus Pro 获得国家药品监督管理局颁发的三类医疗器械注册证，是国内首款基于可逆末端终止测序法，获批临床检验最全应用场景的基因测序仪。如今赛陆医疗扎根深圳市光明区华南医谷，发展很快，推出了突破光学极限的全球领先的超分辨空间组学平台，这些成长很好地诠释了'深圳速度'。"

｜海归博士打工 4 年积攒实战经验

河北籍小伙子赵陆洋，本科毕业于中国科学技术大学高分子科学与工程系，2010 年进入美国北卡罗来纳州立大学化学系攻读博士学位，师从手性高分子合成界权威 Bruce Novak（布鲁斯·诺瓦克）教授和国际超分辨荧光成像技术领军人物王谷丰教授，主要从事单分子荧光免疫分析、单分子运动、分子间及分子与界面相互作用等前沿技术研究。

"2014年的诺贝尔化学奖颁给了超分辨荧光成像方向的学者，与我当时所在课题组的研究方向非常契合。"赵陆洋说，那时他的同门师兄们很多在美国药企谋得了好职位，他自己也有机会入职跨国药企工作，但他深信超分辨荧光成像技术不应局限于学术研究，而应拓展至更广阔的应用领域，实现其商业价值。

"如果我在博士毕业之前没有到深圳实习，我可能也不会走上创业的道路。"赵陆洋回忆道，2015年他来到深圳实习两个月，惊讶地发现基因测序行业十分依赖自己所学的专业，而当时自己的同学还没有人进入基因测序行业。他意识到这是一个巨大的机会，因为技术壁垒高又被国外垄断，值得做深入的探索，于是他决定毕业后回国在基因测序行业深耕发展。

博士毕业后，赵陆洋经历了科技企业技术负责人和专业投资机构研究员等职场历练。"我在科技企业工作期间，主要锻炼研发、团队管理和商务能力，在投资机构工作则锻炼了投资眼光。我一边积攒各个方面的工作经验，一边寻找创业的机会。"工作期间，谦逊好学的赵陆洋还一直与身在美国的导师王谷丰教授保持着联系。"有一次，我遇到一个单分子免疫荧光项目，咨询王教授这个项目会有什么不足的地方，王教授回复我说单分子免疫荧光对非特异性吸附问题很难解决。王教授非常博学，崇尚创新，他能把生物化学中抽象的定性描述变成具体、定量的描述，这是一种极其重要的能力。因此，我后来决定创业的时候特别希望王教授能参与进来。"

| 豪华创业团队成功吸引天使投资

创业者要启动创业，最难的是找人和找钱，而这两个问题对于赵陆洋来说，比较顺利地解决了。他笑称自己是幸运儿，得到了命运的眷顾。

赵陆洋的创业班子还有三位大咖级的联合创始人，一位是王谷丰教授，担任赛陆医疗的首席科学家，另外两位具有深厚的技术背景和丰富的投融资经验，分别负责赛陆医疗技术开发、财务战略规划和融资工作。

从左至右分别为联合创始人刘二凯、王谷丰，创始人赵陆洋，联合创始人包原野

"在运营初期，我们获得了真格基金领投的 2400 万元天使投资，王教授很快也回国参与到创业团队中。因为他坚定地看好中国的未来，而且很希望把先进技术带回中国，解决行业中'卡脖子'的问题，赛陆医疗的成立让他果断地回国创业。"赵陆洋说。

共同的理想、共同的使命，让一位美籍华人教授和三位年轻的博士走到了一起。他们把事业的根据地放在深圳市光明区。赵陆洋介绍，之所以选择光明区，是因为光明区对生命科学产业高看一眼、厚爱三分。比如，《深圳市光明区关于支持合成生物创新链产业链融合发展的若干措施》其中一条就是，初创企业如果获得社会投资，按投资额的 30% 给予资助奖励，最高资助不超过 500 万元。当时赛陆医疗得到多家投资机构青睐，自然也享受到了这项政策的支持。

｜ 如何把好产品销售好？

　　2022 年 11 月 20 日，在杭州举办的 N·G·S 组学创新者开发大会上，赛陆医疗重磅发布了自主研发的第一款基因测序仪 Salus Pro，标志着该款产品正式进入商业化应用。

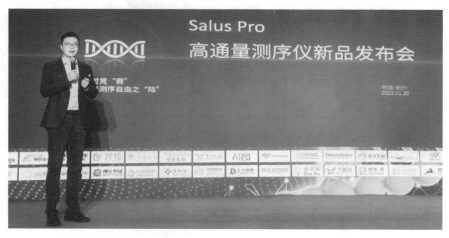

2022 年 11 月 20 日，赛陆医疗举行 Salus Pro 高通量测序仪新品发布会

发布会现场，赵陆洋在演讲中指出，经过多年发展，基因测序已经成为临床、疾控、农业、合成生物学、组学等诸多领域的基石。然而，成本高、灵活性不足等痛点极大限制了测序技术的普及应用。赛陆医疗携后发优势，从核心技术和运行模式两个层面进行全维度创新和持续迭代优化，开发出具有"快速、准确、灵活"等特点的新一代基因测序仪 Salus Pro，能充分满足临床和科研端多场景多样化需求，而且该产品使用的仪器配件、生化试剂和芯片等耗材均实现国产化，综合成本得以进一步降低。

即使研发出了好产品，能否卖得好，也是一项挑战。赵陆洋很清楚自己的短板——缺乏营销经验。他说："产品做得再好，卖不出去也白搭。产品做得好与客户认为做得好是两回事，我们必须掌握将优秀产品转化为市场成功这一关键策略，确保我们的创新成果能够得到客户的认可和市场的回报。"

赵陆洋始终记得与大连晶泰生物技术有限公司（简称"大连晶泰"）的首次合作。大连晶泰，一家专注于提供基因检测服务的企业，曾经引进了多款国内外知名厂商的基因测序设备。作为赛陆医疗的首批测试客户，他们对赛陆医疗的测序仪寄予厚望。当赛陆医疗的测序仪在大连晶泰安装完毕，赵陆洋独自一人漫步于大连的星海之滨，满心牵挂着即将揭晓的测试结果。几天后，测试结果出来了，令他喜出望外的是，数据质量一流，并且高效快速，客户非常满意，立即订购了一台测序仪。

赛陆医疗坚持"以客户为中心"，推动技术创新，与合作伙伴共同为客户持续提供高性价比、高质量的国产测序整体解决方案，切实解决客户痛点。

早期有一家重要客户在其 9 个检验中心部署了赛陆医疗的测序仪。然而，从 2023 年第三季度开始，测序仪在其中 5 个检验中心出现了不规律的故障，尽管客户内部进行了详尽的验证测试，但问题原因仍不明朗。为了迅速解决这一棘手问题，赵陆洋果断行动，派遣了一支由试剂研发科学家和系统工程师组成的精英团队，在客户现场驻点，陪客户做实验，同时在备用机器上同步上机。由于客户主要与医院合作，样本收集通常在白天完成，晚上进行检测，以便第二天一早能出具报告。于是赛陆医疗 5 位工作人员分别驻扎在 5 个检验中心，连续一个月每天通宵工作，直到排查出原因，彻底解决了这个问题。

此外，赵陆洋在接触每一位客户的时候，都会仔细倾听客户的需求，采纳客户提出的合理化建议。2024 年 3 月，一位客户提出测序仪放在办公区不方便看到运行状态。针对这个情况，赛陆医疗团队迅速开发了远程实时监测软件，方便客户随时查看仪器的运行状态。

不到一年时间，这款测序仪的销售额已经突破 3000 万元，其中一位深圳客户下了 500 万元的大订单，这令赛陆医疗团队感到无比振奋。

｜打造世界级的尖端精密仪器

基于自主知识产权的高通量测序和超分辨荧光成像技术，赛陆医疗推出了突破光学极限的全球领先的超分辨空间组学平台，分辨率达到亚微米水平，超过国外主流产品百倍，是获得组织内亚细胞组学、微生物相互作用和细胞调控网络信息的重要工具。

赵陆洋自豪地说："相比国际上现有的空间组学技术，我们的产品具有超高通量、高分辨率和高 RNA（核糖核酸）捕获率等优势，属于全球领先的技术，能为胚胎发育、组织分化、器官发育和病变、肿瘤发病机制、肿瘤免疫微环境、细胞间通信等基础研究提供底层工具。目前，公司已经和多家知名研究机构合作，推动科研端应用和临床端转化。"

创新越多，企业的竞争力越强，为用户创造的价值就越高。而创新必须依赖一流的人才。赵陆洋对人才极为重视，他认为，基因测序行业是一个高技术壁垒且人才稀缺的行业，企业最大的成果来自人才，企业未来发展也取决于是否拥有一流的人才队伍。目前，赛陆医疗已建立了一支国际化、多层次、多学科交叉的高水平研发和管理团队。研发人员占比超过60%，核心研发团队包括十多位博士，以及数十名国内 IVD（体外诊断）龙头企业技术精英，其中一半以上毕业于 985、211 高校和海外名校。

为了加强人才梯队建设，赛陆医疗与南方科技大学建立了生物芯片联合实验室，并与中山大学、东华大学等高校开展了横向课题研究。目前，赛陆医疗已有超过 160 项国内发明专利和 PCT 国际专利已授权或在受理阶段。

| 政府和投资机构助推企业加速

为推动生物医药产业集聚发展，深圳市制定了《深圳市培育发展生物医药产业集群行动计划（2022—2025 年）》及其配套措施，提出培育壮大生物医药产业新技术、新产业、新业态，集中资源促进生物医药产业高端化、规模化、集约化发展。行动计划对光明区提出明确方向，即"光明区定位为技术创新区，依托重点企业及创新载体，重点开展生物制品研发和技术创新"。

光明区深入贯彻市委、市政府促进生物医药产业发展的战略要求，积极建设国际知名、国内一流的合成生物技术创新区。2021 年 10 月，光明区组织编制了《深圳市光明区关于支持合成生物创新链产业链融合发展的

赵陆洋在实验室现场

若干措施》，重点支持合成/工程生物技术应用及平台、设备发展。

　　赵陆洋对深圳市和光明区支持科技创新的政策称赞不已："赛陆医疗牵头承担深圳市科技重大专项'基于超分辨荧光成像技术的自动化智能化多组学平台研发'，合作单位为南方科技大学。该项目由深圳市和光明区科技创新局共同资助，资助总额300万元。该项目通过独创的捕获探针＋空间条形码原位扩增和铺设技术，首次研发出能同时实现高分辨率、高探针密度、高捕获效率的空间组学芯片。2022年1月，赛陆医疗被认定为光明区首批合成生物企业，陆续享受了光明区科技创新局在防疫科技攻关、合成生物企业创业资助项目、租金补贴、投融资奖励、研发投入资助等方面的扶持。2023年12月，赛陆医疗获深圳市留学人员创业资助100万元。这些实实在在的帮助，对于一家初创企业的发展来说无疑是'及时雨'。"

　　躬行践履始玉成，行而不辍终致远。立足自主创新，赛陆医疗突破了以往测序产品在通量、成本、分辨率、自动化等方面的瓶颈，打破了国外垄断，实现自主知识产权基础上的全方位国产化，达到世界领先水平。青睐"黑科技"的多家投资机构闻讯而动。赛陆医疗累计获得深创投、前海母基金、博远资本等头部机构数亿元融资，这为赛陆医疗布局国际市场和新项目研发注入了强大资金。

在赵陆洋规划的蓝图里，赛陆医疗才刚刚起步，过往的成就不过是漫漫征途上的起点，为了实现造福人类健康的梦想，赛陆医疗团队矢志创新。正如赵陆洋所说："没有哪一家企业能靠模仿抄袭成为伟大的企业，创新是企业唯一的出路，是最好的生存法则，否则，企业永远只是追随者。"

———

"产品是否能满足客户的需求，光从技术上评估其先进性是不够的，还要从商务条件上分析客户的需求。"

王阳，明程电机技术（深圳）有限公司联合创始人、董事长。
-
明程电机技术（深圳）有限公司获第十三届中国深圳创新创业大赛新能源及节能环保行业决赛企业组一等奖，2023 年被认定为深圳市专精特新中小企业。

王阳：

海归博士服务养殖业和传统工业

"眼下正值小龙虾上市的季节，阳新县陶港镇官塘村湖北长乐泉井农业科技有限公司的小龙虾养殖基地迎来了丰收。为助力养殖户增产增收，6月4日，黄石市农业农村局专门为基地送来了价值11万元的增氧设备。湖北长乐泉井农业科技有限公司董事长舒思地说：'市政府和市农业农村局送了一套渔业设施增氧设备过来，提高了我们龙虾和鳜鱼的存塘量，过去我们一个塘才放3000尾，现在我一个20亩的塘可以放30000尾了，经济效益就翻了好多倍了。'"这是2023年6月25日《湖北日报》一篇以《阳新：新设备助力养殖户增产增收》为题的新闻报道。

文中提到的增氧设备就是海归博士王阳创办的明程电机技术（深圳）有限公司（简称"明程电机"）研制的高科技产品。

王阳直爽地说："我于2016年底回国创业，最开始瞄准高精尖的未来产业做新产品开发，但收入寥寥。近年来我们进行了业务转型，找到服务农村养殖业和传统工业升级的突破口，企业销售业绩终于实现了逐年翻倍的目标。"

留洋博士来深参赛结缘天使投资人

王阳是哈尔滨工业大学与新加坡南洋理工大学联合培养的应用物理专业博士，2011 年到美国加州大学洛杉矶分校做材料专业的博士后研究，2015 年到日本东京大学当研究员，主要研究机电方面的材料。

"如果没有去日本工作，我可能不会走上创业的道路。"王阳说，"在日本，我看到不少企业在产品开发中极富有工匠精神。例如，他们会从工艺和材料角度把滚轴轴承的摩擦力减小到极致。我就想，如果能回国创业，结合我所学的新材料技术，并发挥工匠精神，把电机产品做到极致，是不是一个很好的创业方向呢？我把想法告诉了高中同学邓程亮，他当时是上海电气集团上海电机厂有限公司的华北区负责人，对国内电机行业产品和市场都很熟悉，他表示这个方向肯定有机会做起来。"

2016 年春天，王阳从日本来深圳参加了第一届中国深圳海外创新人才大赛总决赛，他的项目"超高效电机的设计研发与产业化"获三等奖。资深投资人张群当时作为此次大赛的特邀嘉宾坐在台下观看创业者路演，当王阳走下演讲台，张群就热情地约他当晚聊一聊。

"那天晚上是我们第一次见面，张群就决定给我们投资 500 万元，说公司啥时候成立，投资款就啥时候到位，这给了我们极大的鼓舞。张群是明程电机的首个天使投资者。"王阳说，"后来，随着企业不断发展，张群及其朋友的投资公司为明程电机累计投资超过 4000 万元。"

2016 年 10 月，王阳、邓程亮和另一位朋友携手，在深圳市龙岗区租了 1000 多平方米场地，注册成立了明程电机，开始瞄准高速永磁电机进行研发生产。

| 下海创业初期连连呛水

当时，国内无人机行业应用刚刚兴起，有客户在研制农业用的大型无人机，邓程亮欣喜地把这个消息告诉王阳，看他能否针对大型无人机开发高速永磁电机。

于是王阳决定研发第一个产品——外转子永磁电机，面向植保领域的大型无人机市场。有了天使投资者，也有了潜在的客户，原本以为创业起步会很顺利，没想到头两年，王阳团队连连呛水，每年亏损。

"我们做出来外转子永磁电机，可这个市场并没有发展起来，原来预测植保无人机专用的永磁电机订单每年能有1000台，没想到2017年出货量还不到100台，全年销售额仅有几十万元。"王阳被泼了一盆冷水，可他并不气馁，决心面对新的需求重新出发。

2017年底，王阳和邓程亮看到新能源汽车火起来了，琢磨着能否做新能源汽车的配套产品。可他们比较了国内几家竞争企业的产品，判断即使明程电机能做出来品质更优的相应产品，但由于是初创型企业，产品的成本很难控制。他们决定针对氢燃料汽车的压缩电机做研发，这样仍能切入新能源汽车的赛道，又不跟其他大企业去正面竞争。

大连的克诺尔公司、福建雪人股份有限公司都在做氢燃料汽车的总成业务，邓程亮找上门去，把王阳团队的电机技术方案提供给厂家，最终通过了审查，产品也获得了认证。可由于氢燃料汽车一直没有大规模投入商用，明程电机的产品还是没有打开销路，每年压缩电机只有两三百万元的订单。

王阳开始认真反思，创业3年来，公司定位"先进制造"，服务新兴工业，但由于植保无人机、氢燃料汽车都没有迎来大的发展机会，连带明程电机开发的很多新产品也卖不动。

做什么产品才能为企业带来高速的成长呢？王阳和邓程亮反复讨论的结果是，面向传统工业的电机。传统工业对高速电机的需求量是巨大的，风机、压缩机、压缩泵等都需要高效节能的高速电机进行替代。

王阳瞄准传统工业，开始打磨电机产品，目标是做出高效、节能、静音，且带智能化模块的新型电机。他终于找到了面向产业真实需求后的脚踏实地的感觉："我们深入一线，了解电机相关痛点问题。只要能做出比传统电机更好的产品，客户就一定会买单。关键是我们的电机要足够高效节能，足够智能，能切实解决行业痛点。"

｜ 让产品更贴近客户的需求

2020年，明程电机针对传统工业领域推出了多款自主研制的新型工业电机，卖给了风机厂、压缩机厂、压缩泵厂，销售额突破了2500万元。

2021年初，王阳又开始琢磨，如果电机产品只卖给压缩机厂，对产品缺乏终极的理解。这种电机属于工业定制化产品，多少转速、多少扭矩，都是由压缩机厂说了算。而为了做出更好的电机产品，更贴近客户的需求，王阳想往前多走一步，把风机的机头也研制出来，配合自有的高速电机，研制出高速节能离心风机，这样可以扩大销售范围，企业的规模也容易做大。

王阳介绍道："我们研制的超高效新能源电机，2021年秋天获第十三届中国深圳创新创业大赛新能源及节能环保行业决赛企业组一等奖，这给了团队巨大信心，也为明程电机做了很好的品牌赋能。经过一年的市场开拓，2023年明程电机生产的高速节能离心风机销售额超过了电机产品，应用场景也得到了很大拓展。比如，工业产线过程中需要风机吹干、除尘；污水处理行业需要风机打氧，以促进化学反应实现污水的无毒无害化处理。"

明程电机研制的风机具有高效节能、质量稳定、寿命长、噪声低等诸多优势，被各类工厂采用。过去，工厂传统产线都采用罗茨风机、旋涡风机，很费电，而明程电机的风机可以节电 30%~40%，这对工业用户来说是个重大利好，尤其在工业品利润趋薄的大背景下，节约下来的电费就等于新增的利润，因此许多工厂开始采购明程电机的高速风机。

为了扩大市场成果，王阳团队想出了"合同能源管理模式"，先免费为客户替换传统风机，再让工厂把应用了新型风机后节约出来的电费的50% 分给明程电机，这样就能保证明程电机的稳定收益。

| 瞄准智慧渔业发力显神威

2021 年 12 月 29 日，农业农村部发布了《"十四五"全国渔业发展规划》，明确指出未来必须坚持创新增效、绿色低碳的工作思路，推进渔业高质量发展和现代化建设，具体提出了渔业产业发展、绿色生态、科技创新等十二项指标，力争到 2035 年基本实现渔业现代化。

王阳意识到，智慧渔业将是一个全新的机会。为了推进渔业高质量发展和现代化建设，明程电机专门成立了数智鹦鹉螺池底增氧事业部，专注于现代水产养殖行业，推出了自主研发的以高速离心风机为核心的一体化智能漂浮式池底增氧系统，主要针对池塘养殖、水库养殖等养殖模式，可显著节能增产，大大降低养殖成本，减少养殖风险，提高生产效率。

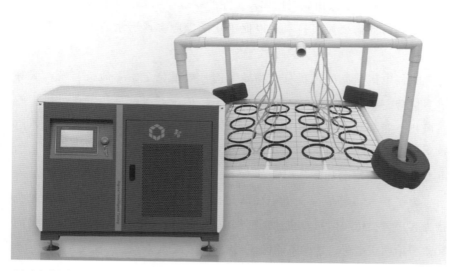

明程电机的数智鹦鹉螺池底增氧系统

王阳介绍，数智鹦鹉螺池底增氧系统助力智慧渔业发展，实现了两个重大突破。

其一，推进水产健康养殖和智能化管理。"我们对鱼塘实时监测，一旦风机意外断电，就会自动发出故障报警，这样就不会给养殖户造成巨大损失。利用监测数据进行分析，还可以提高养殖业智能化管理水平。为了推广这个新产品，我们高标准开展了水产健康养殖池底增氧系统示范地活动，将稻渔综合种养纳入创建范围。在各地政府的大力协助下，组织召开稻渔综合种养发展提升现场会，积极参与各类稻渔综合种养高峰论坛、推介活动，助力农户在水产养殖技术上得到突破，实现全新生态养殖模式——虾鳜稻鳖共生混养模式，提高生产效率和经济效益的同时，促进生态环境保护，实现可持续发展。"

其二，加强了渔业科技和技术推广创新。明程电机积极响应"十四五"渔业科技发展战略研究相关规定，在渔业关键装备与设施研制、资源养护与生态修复共性技术研发，以及水产绿色健康养殖技术与模式集成等方面均取得显著突破，通过设备技术革新，取消增氧设备用油，减少环境污染和养殖成本。同时，联合多家企业在水库养殖模式中取得创新，共建网箱养殖与大表面水体生态鱼类养殖相结合的集成模式，净化养殖水体的同时增加养殖效益。

2024 年春天，王阳团队了解到云南曲靖的一个在鱼塘里养了"四大家鱼"的养殖户的需求后，结合对现场实际状况的评估，为其定制了满足现场复杂场地现状的增氧方案，通过一台 8 千瓦的风机带动 14 个曝气单元，成功地实现了对水库近半的水体面积的供氧任务。由于供氧效果显著，养殖密度大大提高，养殖户增收超过一倍。

"当我们的产品成功让养殖户降耗增产时，我感到很自豪，我们团队的价值得到了很好的体现。"王阳感慨地说，"过去，我以为只有服务高精尖的未来产业，才能体现自己的技术价值，但最终被市场狠狠教育了一顿，明确告诉我'此路不通'。如今，我觉得用自己所学服务智慧渔业、传统工业也非常有意义。"

王阳指着办公室里空出来的十几张办公桌，笑着说："销售人员都去跑市场了，要把我们的技术优势和商务模式给客户宣讲清楚。现在是盛夏时节，不论养殖户还是工业用户，对高速风机的需求量都很大，2025 年我们完成破亿元的销售目标应该没有任何悬念。"

海归创业要挑战难度大的事情

　　海归创业者都有留学海外的背景，拥有国际化视野和领先的技术能力，因此在回国创业的时候，都希望挑战难度大的事情。正如灵明光子董事长臧凯所说："做难而正确的事情才能让海归创业者脱颖而出，如果选择的创业项目难度不大，那么市场竞争会非常惨烈。"

　　在挑战高难度目标的时候，成功的海归创业者分享了三个宝贵的经验。

　　一是深入了解国内的市场需求，结合自己擅长的技术，去研发相应的产品。"海归创业者一般都是怀抱某种新技术回国的，认为自己所做的是新技术新产品，这个创业方向就肯定是正确的。我建议一定要打破这个执念，因为消费者的需求是综合多方面的。企业在行业立足只有一条路：通过深入了解市场的需求，了解客户对性价比的要求，接受高难度挑战，拼尽全力研制出最优性价比产品，来满足客户的真实需求。今天的世界非常内卷，能赚钱来自'非共识'，而'非共识'主要来自对客户今天的需求和未来的需求的深刻洞察。要洞察到这些市场需求，需要我们脚踏实地，足够接地气，更需要我们有挑战高难度目标的勇气和不放弃的精神。"臧凯介绍道。

　　二是在确定了更高端的研发目标后，要为了企业存活推出一些阶段性的创新产品。赛陆医疗创始人赵陆洋是美国北卡罗来纳州立大学化学系毕业的博士，他对创新的认识很深刻："我们不做缝缝补补的创新，要做颠覆性的创新，必须要用全球眼光来衡量我们的创新成果。赛陆医疗的终极目标是探索打造空间多组学工具，目前海内外都没有成熟的方案，这是属于人类生命科学领域的最尖端技术。赛陆医疗目前研发出来的基因测序仪和超分辨空间组学平台都只是底层工具，是实现终极目标的阶段性产品，我们并没有止步，相反才刚刚起步。"

三是要学会做减法，集中优势专注于核心产品的研发。赵陆洋说："海归博士创业的优势是技术能力强，但在创业时思维很容易发散，最初想上马的新项目会很多。对于赛陆医疗来说，基于我们的技术能做很多事情。比如，可以做转录组学、DNA 合成，还能做多通量抗体筛选。但企业不能什么都做，必须为了生存，以盈利为目的，确定主攻方向。企业成功是因为做好了一件关键的事情，而非做了很多件事情。围绕打造空间多组学工具的终极目标，我们决定第一步做基因测序仪，第二步做超分辨空间组学平台，这样一步一步地做深做精，果断砍掉一些'鸡肋项目'，聚焦重大产品研发，才能形成自身的突出优势和技术壁垒。"

在追求高难度事业的时候，海归创业者尤其要注意避免踏入"技术至上"的陷阱。杉木创始人林鹤全一再强调："海归创业要强调技术性，但技术领先不是成功的唯一条件，还需要抓住产业风口，评估全球供应链的技术能力能否让产品量产，如果供应链无法匹配，再领先的技术如果价格打不下来，也是无法让市场接受的。"有的海归创业者所拥有的技术是一流的，但对商业模式没有经过充分验证，这样也可能导致失败。如何验证商业模式是不是伪需求呢？他建议："一是通过第一性原理分析，与传统方案相比，在功能、用户体验、价格或便利性上是否有巨大的提升；二是针对用户对样机的使用，通过问卷调查了解用户是否有付费意愿，如果用户愿意花钱购买这个产品或者服务，则证明不是伪需求。"对于商业模式的验证，就好比是打样，这个环节绝对不可少，应该大胆假设，小心求证，打样成功才可以大规模推广。

海归创业者除了用新技术满足市场需求，在商业模式上也要注意创新，尤其是提供"接地气"的服务模式更容易取得成功。明程电机联合创始人王阳介绍："产品是否能满足客户的需求，光从技术上评估其先进性是不够的，还要从商务条件上分析客户的需求。比如，为了打消工业用户对新型风机节能效果的疑问，我们采取'合同能源管理模式'，让客户免费使用，节约的电费分成给我们，这样就可以打消用户的顾虑。同样，对于渔业客户担心新型风机质量不好可能导致鱼虾成片死亡的风险，我们购买了中国人民保险公司的财产保险，来彻底消除他们的顾虑。当我们从商务条件上充分考虑到客户的种种需求后，针对不同客户推出创新的商务模式，我们的产品就能走出深闺，在多个行业里打出口碑。"

第五章

不屈不挠谱新章

坚持意志伟大的事业需要始终
不渝的精神。

——伏尔泰

陈劢，做过多年淘宝电商，创办的深圳十方融海科技有限公司被评为"2022年度深圳市潜在科技独角兽企业"、《财富》2023中国最具社会影响力的创业公司。

李辉，两次创业，创办的深圳市诺泰芯装备有限公司研制的半导体高速高精度测试分选设备产值在行业名列前茅，被认定为2023年度"广东省半导体精密测试分选设备工程技术研究中心"。

杜孩，从做电子产品批发到转口贸易，再转战生物医药产业，创办的深圳康体生物医药科技有限公司为客户提供纳米抗体定制和CRO服务，获第十四届中国深圳创新创业大赛三等奖。

他们都有过多次创业的经历，既有成功的高光时刻，也有失败的至暗时刻，但他们都选择了不屈不挠，继续在创业道路上信步驰骋，谱写人生新篇章。

———

"以客户为中心是我们实现企业长久生存与发
展的关键。"

陈劢，深圳十方融海科技有限公司联合创始人、首席执行官，2023 年被评为"粤港澳大湾区
杰出青年企业家"和深圳高质量发展领军人物。
-
深圳十方融海科技有限公司被评为"2022 年度深圳市潜在科技独角兽企业"、《财富》
2023 中国最具社会影响力的创业公司。

陈劢：

抓住风口创业写就传奇

深圳十方融海科技有限公司（简称"十方融海"）联合创始人兼首席执行官陈劢是土生土长的深圳女企业家，她从上大学时就开始创业，连续创业三次，都获得了成功。

俗话说得好，商场如战场。"80后"陈劢以她独有的战略眼光、坚韧不拔的毅力和敏锐的市场洞察力，在这场没有硝烟的战争中脱颖而出。2021—2023年，十方融海营收实现惊人飞跃，复合增长率高达920%，年销售收入更是突破十亿元，团队规模壮大至千人，被评为"2023粤港澳大湾区高质量发展优秀企业"，并上榜德勤"2022粤港澳大湾区高科技高成长40强"。她的成功并非偶然，让我们一同走进陈劢的创业历程，聆听她那些关于勇气、坚持与创新的创业故事。

｜ 学生时代创业培养勇气和信心

长得娇小玲珑的陈劢并不是一个只会死读书的"乖乖女"，她嗅觉灵敏、脑筋灵活，早在10岁那年便已悄然开启创业之路。手持父亲给予的3500元"天使投资"，陈劢在热闹的春节花市上与同学们一起摆起了售卖钵仔糕的小摊。短短五天，竟赚得1.5万元的"巨款"。这次经历如同一颗种子，在她幼小的心灵里埋下了创业的梦想与勇气。

自那时起，创业的火花便在她的生活中不断绽放。小学时代，她便成了校园里的"小商人"，无论是售卖文具笔还是进口零食，她总能敏锐捕捉到同学们的需求，让每一笔生意都充满乐趣与成就感。进入大学后，她更是将这种创业精神发挥得淋漓尽致。面对校园内对复印的需求，她果断引进设备开展复印业务，为师生们提供了便利。当她留意到楼盘开业庆典中对中国结的需求时，又迅速设计出精美的布置方案，成功赢得楼盘的订单。这些看似微不足道的经历，却一步步构建起陈劢丰富的商业实践基础，也为她后来在淘宝上的成功创业奠定了基础。

2005年秋天，陈劢考入华南理工大学计算机系。在学校创新开放的氛围之下，陈劢的大学生活如鱼得水。大二那年，淘宝网的兴起为她提供了更广阔的舞台，她毫不犹豫地抓住了这个机会，开设了"小魔女毛毛"网店，最终在大学期间便实现了经济独立，并积累了人生的第一桶金。

每天，她穿梭于广州十三行服装批发市场，精心挑选每一件商品，回到宿舍，她又化身为摄影师和文案高手，为这些衣物拍摄照片，撰写吸引人的网页介绍。她的努力没有白费，网店生意日渐红火，月销量达到惊人的5000多件。为了应对日益增长的订单量，她甚至动员了宿舍管理员和几位同学，一起加入她的兼职团队。

"那个时候很少有大学生在校园创业，我当时大包小包地把服装搬回宿舍，又大包小包地搬出宿舍去发快递，周围的人都看不懂，甚至还以为我在搞传销。"陈劢笑着说。大三那年，她凭借自己的努力，购置了第一辆小汽车。

2008年，凭借在校期间创业所积攒下的第一桶金，陈劢大学毕业后选择了继续创业。为了把网店经营得更好，她收购了一家制衣工厂，备货、发货，生意兴隆，忙得人仰马翻。

｜ 助力传统企业数字化转型

时光荏苒，转眼间到了 2012 年。此时的陈劢，不再是那个青涩的大学生创业者，而是拥有了一定商业经验。陈劢敏锐地感知到，彼时在淘宝创业初期，PC 端是订单来源的绝对主力，占据了约 9 成的市场份额。然而，自 2010 年起，随着天猫的隆重登场，市场格局悄然生变，流量的风向标逐渐转向了品牌电商的怀抱，昔日草根卖家的辉煌舞台逐渐让位于品牌卖家，而移动端交易的兴起更是预示着移动互联网时代汹涌而来。

在这场变革中，草根网商若试图以设计与公司化运营的维度与品牌卖家一较高下，无疑面临着巨大的挑战与劣势，小电商的生存空间日益逼仄。陈劢由此做出了一个决定，将"小魔女毛毛"网店转让。她给自己放了一个长假，结婚生子，享受生活的美好。

但创业的火种从未在她心中熄灭。2013 年，当移动互联网的浪潮席卷而来时，陈劢再次敏锐地捕捉到了新的商机——微商。她发现，微信社交生态圈的爆发给诸多行业都带来了新的机遇，但许多传统企业对于微信营销和数字化转型感到迷茫，而这正是她可以发挥专长的地方。

陈劢是一个善于捕捉微细苗头的女孩，她认为如果进入新的移动互联网时代，就应该找到新的领域去创业，那做什么业务会比较好呢？

"微商不需要开店，只要有一定的好友量，就可以在朋友圈里做生意，但当时很多传统企业不熟悉微信营销，在如何做数字化转型这个课题上摸不着头脑。"为了验证自己的想法，陈劢果断注册成立了深圳市笑禾禾品牌咨询有限公司，帮助传统企业设计微信公众号功能，在线上获客。

在陈劢这段商机验证经历中，幸福西饼的案例尤为突出。陈劢分享道：“幸福西饼凭借自有烘焙工厂与优秀的糕点设计，原本深耕线下市场。我们助力其策划了一系列线上营销活动，借助内容推送与创意海报分享，一夜之间便吸引了超过十万粉丝。”这一经历深刻启示陈劢，数字化营销的精髓在于将广泛的公域流量有效转化为私域资产，并通过精细化运营策略增强用户黏性，提升转化率。掌握这一转化能力的企业，无疑能在市场周期波动中稳健前行。

怀揣着将这一验证成果最大化应用的愿景，陈劢积极寻找机遇，试图在移动互联网的风口夺得先机。

很快，这个机会来到了她的身边。2015 年 8 月，她在华南理工大学老师的介绍下，结识了自己的同门师弟黄冠，这个 25 岁的小伙子计算机技术能力特别出众，而且他对移动互联网背景下商业机会的猜想与陈劢不谋而合。他们迅速组成创业搭档，频繁进行头脑风暴，共同探索挖掘微信生态中尚未被满足的商业需求，寻找更大的商机。

｜ 抓住风口进军数字职业教育

2015 年 12 月，陈劢注册成立了十方融海，自己出任总经理，负责公司运营，黄冠担任董事长，负责技术研发。“我们注意到大的微商团队喜欢用微信讲课，微信规定一个群最多 500 人，那么微商为了搞营销培训，经常组织几个群，培训师声音都讲哑了，还要继续讲课。为什么不让客户下载专门的 APP 去做培训呢？我们打听到参与培训的人大多不知道如何下载 APP，所以开会就在微信上拉群，反而用户转化率很好。”陈劢跟黄冠商量后，决定研发一款基于微信的培训软件工具，这款产品要具备五大特性：一是用户不用下载安装任何软件，一个链接就能开课进行知识分享；二是不限制人数；三是禁止听课人发言；四是能把所有培训内容保存下来；五是凭密码进入课程。这款名为"荔枝微课"的产品于 2016 年 6 月正式上线，颇受用户欢迎。

在充分听取用户反馈意见的基础上，"荔枝微课"不断地迭代创新，从单一的语音直播扩展到图文、PPT、视频直播等多元化内容形式，学习场景逐渐丰富。不到 3 个月，"荔枝微课"的用户便突破 50 万大关。

在陈劢倡导的"人人可以成为知识分享者"理念下，瑜伽教练可以分享做瑜伽的运动技能，美术老师可以分享绘画的教学，园艺师可以分享花木培育的技能……他们通过"荔枝微课"愉悦地分享知识技能，不仅为自己多创造一份收入，也为社会增加价值，实现知识经济的社会意义。"荔枝微课"逐渐成为一个开放、包容、多元的知识分享平台。

2016 年 9 月底，陈劢和黄冠去北京旅行，经朋友推荐见到被誉为"独角兽猎手"的金沙江创业投资基金合伙人朱啸虎，仅凭不到十分钟的项目介绍，朱啸虎就决定投资"荔枝微课"600 万元。"他没有到我们公司看一眼，甚至没有体验我们的产品，只是听了我们的介绍当场就决定立即投资，我们还没有回到深圳，投资款就已经打到了我们账上。"陈劢对这位知名天使投资人的快速决策印象深刻，备受鼓舞。

2017 年春天，"荔枝微课"再次迎来飞跃。通过引入智能算法，平台实现了内容与用户的精准匹配，不仅提升了用户体验，也为讲师带来了更加精准的粉丝群体。随着平台开始探索收费模式，其营收能力迅速增强，月流水从百万元级别跃升至近 5000 万元。同年，黄冠和陈劢共同代表华南理工大学，以"荔枝微课"参加第三届中国"互联网 +"大学生创新创业大赛，一举夺得全国金奖，随后他们迅速获得了高榕资本的 3000 万元投资。

| 从"危"中看到"机"的独特本领

"荔枝微课"处于受媒体追捧的高光时刻的同时，没想到隐患也悄然埋下了。

2017年7月的一天，陈劢突然接到有关部门的电话——"荔枝微课"平台上出现了大量违规的视频内容。这通电话如同警钟，揭开了平台内潜藏的违规内容危机，一时间，关停整改的阴影笼罩着"荔枝微课"。

面对这突如其来的挑战，陈劢和黄冠立即在公司内部开展调查，最终发现这是竞争对手的恶意行径。黄冠凭借卓越的技术能力，迅速搜集并固定了确凿证据，随即向公安机关报案。

随后，陈劢和黄冠带着被陷害的证据、立案通知书赶到北京，面见有关部门的工作人员。最初，工作人员建议陈劢关掉网站平台。面对严格审查，陈劢与黄冠没有退缩，而是据理力争，以团队的辛勤付出、百万用户的信任背书，以及刚获评的"互联网+"创新创业大赛金奖为据，诚恳请求给予整改机会，并表示会建立完善的内容审核机制，避免此类事件再次发生。

这份坚持与担当，终于赢得了有关部门的理解与支持，在核实情况后，陈劢最终获得了宝贵的一个月整改时间。

陈劢由衷地说："相关部门工作人员十分公平公正，也高度认可我们公司作为大学生创新创业的宝贵成果。为迅速整改，我们在内部新增了内容审核部门，制定了详尽的内容审核工作流程，迅速构建起一道坚实的内容安全防线。"

通过引入"机审+人审"的双重审核机制，实施"先审再发"的严格流程，"荔枝微课"在一个月内实现了由内而外的蜕变。"有关部门组织了审核小组到深圳，现场在我们的平台上发出内容，进行对抗测试考查，最终全部被有效拦截！我们平台顺利通过考核，恢复了运营。通过我们提供的证据，以及公安机关的迅速侦破，恶意陷害的违法人员最终被逮捕归案。"

陈劢认为，此次危机，不仅是对"荔枝微课"团队应变能力的极限挑战，更是推动其风控体系全面升级的重要契机。背后的母公司十方融海在此后的发展中，更是以此为鉴，持续加大对技术创新能力的投入，将合规发展视为企业的生命线。特别是在 AI 等前沿技术融入企业业务时，十方融海始终保持高度警惕，确保技术应用过程中的隐私保护与数据安全。其旗下的威科未来 TensAI 生成算法，凭借卓越的性能与合规性，成功入选国家互联网信息办公室算法备案清单，这不仅是对十方融海技术实力的认可，更是对其坚持合规经营、积极响应国家监管要求的最好证明。

| 与用户共创的模式让产品日臻完善

"以客户为中心是我们实现企业长久生存与发展的关键。"陈劢深谙公司成功运营之道在于满足客户需求的能力，采取与用户共创的模式让十方融海能不断推出既叫好又叫座的产品。

为了做好成人在线教育产品，十方融海重点关注两方面痛点：一方面，成人学习者的学历背景、学习能力和需求各不相同，需要通过云计算和大数据，以及快速反馈和迭代机制，优化教学产品以满足不同用户的需求；另一方面，为了更好地保障在线教育的学习效果，需要通过技术创新来实施过程监控和效果评估，为用户提供更好的在线学习体验。

2017年底，陈劢带领团队做年底复盘，有名员工提出一个问题：平台每天新增3000~5000个内容，但高质量内容并不多，如果把质量不够好的内容推给用户，也是浪费用户的时间。于是，2018年初，十方融海着手研制第二款产品"兰心书院"，聘请优秀老师制作优质的内容，用户付费购买。课程一经推出就迅速赢得了市场的热烈反响，"兰心书院"上线首年便实现亿元营收。这一战略举措也标志着十方融海从海量内容向精品化内容转型。

"'兰心书院'的成功验证了一条重要法则：优质内容会给用户带来更好的体验，也能给企业带来更好的利润回报。'兰心书院'属于我们在内容领域的打样产品，打样时要精雕细刻，复制时要迅速坚决。"以此为契机，2019年初，陈劢果断把企业升级为集团式运作的教育机构，全部精力投入到数字技能型教育上，紧紧抓住了新经济时代下数字职业在线教育的机遇风口，以数字技能、数字素养类课程作为产品业务开发方向，围绕全媒体运营、互联网营销、有声演播等能满足数字时代公众需求的数字素养课程，以及影视后期制作、数据分析等数字技能课程等两大板块，不断拓宽课程体系的广度与深度。

此后，为进一步提升数字技能课程教学效果，十方融海投资打造了针对在线技能教育实训的"女娲云教室"，并开发了面向全球市场的DGclass数字技能课程平台、梨花声音研修院、数智化AI交互课堂，这些均已发展成垂直领域头部产品。陈劢介绍，目前更多增长动力源自集团多元化业务的蓬勃发展。

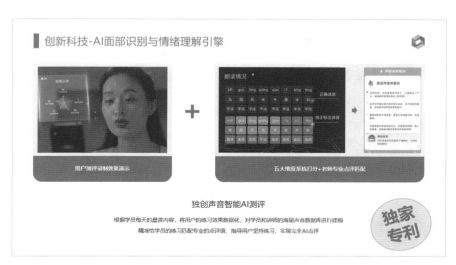

十方融海梨花声音研修院团队研发的 AI 面部识别与情绪理解引擎

"自 2023 年起，我们还开拓了东南亚市场。台湾地区用户增长也很快，传统文化课程很受台湾地区民众的欢迎，能把传统文化传播到台湾地区，我们感到很自豪。"陈劢语气自豪。

| 勇于承担社会责任　做一家伟大的公司

一家伟大的公司，一定是乐于承担社会责任的。因此，陈劢在周到地服务用户之外，还致力于回馈社会。她举例说："在贵州湄潭县，十方融海与当地机构合作，提供专业职业培训课程内容，提升老百姓普通话水平，助力民族文化的传播与融合。在广西龙胜各族自治县、资源县等地，我们开展短视频技能培训，让优质教育实现规模化输出，利用自研的 AIGC（人工智能生成内容）平台——TensAI，降低短视频内容生产成本，助力当地的农产品走出山村。"

作为一名从事线上教育培训的企业家，陈劢知道自己承担着巨大的使命。"随着数字技术、人工智能的发展，数字技能人才需求显著增加，供不应求。作为一家面向成人的数字技能型教育平台，十方融海不仅拥有巨大的机遇，也肩负着沉甸甸的社会责任。"

正所谓"授人以鱼，不如授人以渔"，十方融海通过多种高质量知识分享产品成功帮助 100 多万人转型成为知识创业者，帮助 650 万用户就业创业。汽车零部件销售人员小胡通过"女娲云教室"自学了影视后期剪辑，转型成为影视后期剪辑师；因车祸坐上轮椅的杨先生，通过在线培训获得有声演播职业新技能，实现了自我价值。像这样的故事举不胜举，带给陈劢团队很大的鼓舞。让用户拥有一技之长，并能为社会创造更多的价值，这是多么有意义的事业。

2023 年，十方融海再传捷报，其自主研发的 DGclass 数字技能课程平台入选广东省首批职业技能培训线上平台机构推荐名单。此外，十方融海多次深度参与《教育与学习服务 远程学习服务要求》等国家标准的起草制定工作，这也让陈劢深刻感知深耕在线教育行业的现实意义。

近年来，随着人工智能、大数据等新技术的发展，科技与职业教育进一步深度融合，数字化成为中国职业教育未来发展的一个必然趋势。十方融海乘着产业东风，深耕在线教育，实现了发展的飞跃。截至 2024 年 8 月，十方融海已构建起"荔枝微课""女娲云教室"以及数字素养与技能课程矩阵三大核心业务板块，被认定为广东省专精特新企业、高新技术企业，被评为2023 粤港澳大湾区高质量发展优秀企业，并跻身中国高科技高成长独角兽企业 TOP 50、中国职业教育培训品牌影响力 TOP 10 行列。

十方融海的办公环境

　　陈劢以灿烂的笑容，传递出乐观与豁达："紧紧抓住时代风口，让我三次创业成功。站在科技与职业教育深度融合的新起点上，十方融海更加坚定了助力行业数字化发展与数字中国构建的决心。我推崇'开放利他，修己达人'的价值观，十方融海以教育行业为切入口，帮助更多人提升数字技能和文化素养，让更多人感受到知识与技能的力量，这既体现出科技发展的正向价值，也是十方融海的使命与追求。"

"员工是企业创新的源泉，因此对员工要以心换
心，充分挖掘员工的创造力和积极性。"

李辉，深圳市诺泰芯装备有限公司创始人、总经理。

深圳市诺泰芯装备有限公司被认定为 2023 年度"广东省半导体精密测试分选设备工程技术研
究中心"。

李辉：

半导体设备领域的"黑马"

10 多年前，半导体分选机市场长期被日本 TESEC（泰赛）和 UENO SEIKI（上野精机）、美国 COHU（科休半导体）、德国纽豹等国外品牌垄断。从基层技术员成长起来的李辉是一个不信邪的人，决心用技术创新打破国外品牌的垄断局面，从第一次创业瞄准高难度的转塔式分选机起步，到 2019 年创办深圳市诺泰芯装备有限公司（简称"诺泰芯"），致力于转塔式结构和工业控制软件等核心技术研发和销售，研制的半导体高速高精度测试分选设备产值在行业名列前茅。

李辉是从重庆开县（现开州区）农村走出来的连续创业者，他瞄准半导体高端装备国产化替代奋斗不息，曾经在多年严重亏损的情况下，仍在半导体设备赛道上持续耕耘，最终守得云开见月明。诺泰芯从十几人发展到 200 人规模，年产值超过 2 亿元，被认定为深圳市专精特新企业、广东省半导体精密测试分选设备工程技术研究中心。李辉也被誉为半导体设备领域的"黑马"。

｜ 不同岗位上打工多年积攒经验

李辉毕业后的第一份工作是被分配到重庆开县胶合板厂设备科当一

名技工，每月工资300元，只干了不到两年，胶合板厂就因经营不善面临倒闭。

李辉曾在深圳短暂实习过几个月，他知道在深圳只要踏实肯干，工资肯定比留在本地做技工高。1998年，他来到深圳找工作，希望能做一名技术员。

"因为有技术岗位的工作经验，我顺利地被招聘到一家台资精密连接器公司的下属电镀厂工作。这个电镀厂在深圳市龙岗区坪地街道，在我入厂一年后，工厂开始陆续投资新的生产线，包括计划投资10条电镀线。电镀线的设备主要有电镀电源、电镀槽、电极、挂具、加热器、搅拌器、过滤系统和检测设备等，其中电镀电源是电镀过程中的核心设备之一，为电镀过程提供所需的电流。我配合台湾设备厂家安装调试，通过学习和摸索，掌握了电镀线关键设备的原理和技术要点，就自制了一条含电镀电源和电镀槽、搅拌器等的电镀线，厂里使用后觉得效果很好，于是让我带几个人自制了6条电镀线，厂里也因此节约了一大笔成本。这让我信心大增，发现自己对设计制作仪器设备很感兴趣，于是希望找一个更好的工作岗位，接触更复杂的设备。"

2001年，李辉从报纸上看到位于深圳市福田保税区的赛意法微电子有限公司（简称"赛意法"）在招聘技术员，他果断投递简历，争取到了进入赛意法工作的机会。

这是一家全球有名的欧洲半导体公司在中国合资设立的大型封测公司，投资超过30亿元，是国际上领先的封测公司。李辉被分配到DPAK终端测试线做倒班技术员，负责处理DPAK封装线上分选机和测试机的故障，该线用的是瑞士进口的ISMECA分选机，配有德国ROFINE（罗芬）的光纤激光打标机、美国的ICOS视觉检测系统和英国IPTESTER测试机，这在当时是行业最领先的设备，所生产的产品供给 IBM（国际商业机器公司）和飞利浦等品牌厂商。李辉通过努力学习和摸索，技术表现突出，不到一年就转为上长白班的高级技术员，负责处理倒班技术员解决不了的问题，同时做一些设备的小改进，也获得了外派到海外设备厂学习交流的机会。

深圳市澳通美亚电子科技有限公司（简称"澳通美亚"）是一家专业代理国外知名电子设备的港资企业，维修能力过硬的李辉于 2006 年被其高薪聘为半导体事业部售后工程师。几年时间里，他几乎跑遍了全国各地的半导体工厂，在行业里的人脉资源得到了快速积累，也发现了不少市场机会，不光为公司代理的设备提供了可靠的售后保障，还配合业务做了不少订单。作为专业代理商，李辉接触了更多国外知名品牌的半导体分选机、测试机、贴片机和焊线机等各种半导体先进设备，积累了有关半导体生产设备的丰富知识。

2008 年底，由于种种原因，日本品牌 TESEC 取消了澳通美亚的代理权，TESEC 是澳通美亚多年来重点推广的品牌，并在国内取得了不少市场份额。这一变故对李辉所在的部门打击相当大，李辉也第一次萌生了自主创业的想法。

同年底，李辉应聘到一家日本知名半导体分选机企业做高级应用工程师，从事新设备应用落地、问题反馈及建议改进工作，这使他对分选机的研发、制造及维护有了综合性的掌握。

此后，李辉又去了一家日本有名的半导体测试机公司，先是担任售后工程师负责新设备安装调试培训工作，后转做市场部经理，负责中国测试机市场情况调查和该公司测试机的推广，对测试机研发制造有了较强知识储备以及市场推广经验。通过在多家日本企业工作的经历，李辉也结识了不少在该领域的日本优秀人才。

"由于工作需要,我经常在中国和日本往返跑。在服务用户的过程中,我发现洋品牌的生产设备不仅价格昂贵,而且其服务也跟不上中国用户的需求,尤其是周末不提供维修服务和咨询,这让国内半导体生产商苦不堪言,一旦机器设备有故障,就要停产等待维修。更为关键的是,一些技术指标特别领先的设备,洋品牌对中国禁售。国外提供给我们的设备往往落后本国先进制程数年,而且销售数量和供货速度上都会有特别限制。"从技术岗位做到市场岗位,李辉经过十余年的工作积累逐渐成长为半导体设备领域的资深专家,也对中国半导体制造发展方向有了清晰的认识。

2011 年,李辉迎来了自主创业的契机。他说:"如果能自主研发半导体设备,做国产替代,不仅可以为客户提供更优质的服务,还能通过市场营销逐渐积累资源,自主创业是一份能够长久做下去的事业。"

| 第一次创业挑战难度大的产品

2011 年,李辉应 4 位朋友之邀,一起创办深圳诺泰自动化设备有限公司(简称"诺泰自动化"),李辉负责技术研发。

"第一次创业没有什么经验,我们几个人一共投资 100 万元,占股相对平均。诺泰自动化第一任总经理严竹是我在澳通美亚时的同事,毕业于清华大学自动化系。企业运转了一年效益不佳,严竹由于家庭原因回到北京工作,总经理一职交给我来做。"李辉接手后,把产品研发方向从重力式分选机改成难度更大的转塔式分选机。转塔式分选机主要用于对半导体的外观尺寸和电学性能进行分拣,并且还要集成打标、包装功能,是半导体产品流往终端用户的最后一道关卡。当时国内半导体分选机市场被洋品牌长期垄断，李辉希望通过研制高端的转塔式分选机打破这一垄断局面。由于技术门槛高，研发周期长，公司年销售额不到 1000 万元，处于长期亏损的状态。

幸运的是，2016 年李辉遇到了创业路上的贵人——上海南麟电子股份有限公司董事长刘桂芝。

那一年，刘桂芝在无锡新建一家半导体封装厂，以前买的都是进口生产设备，但这次他尝试着购买了一台诺泰自动化研制的转塔式分选机，测试效果很不错，性价比明显优于洋品牌。

在深圳出差的时候，刘桂芝决定到诺泰自动化去参观，李辉开车去机场接刘桂芝。"在回工厂的路上，刘桂芝告诉我，他们刚刚获得大唐电信的投资，他正好也想投资一家半导体设备企业。我就对刘桂芝说，你也可以考虑投资诺泰自动化啊！他当时问我估值多少，我说你看了再说吧。"李辉当时心里还是直打鼓，虽然诺泰自动化的产品做得不错，在行业内小有名气，但营业收入一直上不去，加上头几年研发投入太多，企业一直处于亏损状态，为了给 20 多个员工发工资，李辉甚至需要透支信用卡。

刘桂芝考察了诺泰自动化后回到了上海。不到两个星期，李辉接到刘桂芝的秘书来电，说要带着律师和财务主管到深圳进一步考察。

"这次深入考察之后，刘桂芝告诉我，平均股权不利于公司治理，会导致运行效率不高，且有潜在的股东纠纷风险，建议我一个人出来再创办一家企业，这样去谈并购更方便。但我拒绝了，我还是希望他入股诺泰自动化。毕竟我们 5 个人当初是一起创业的。"李辉决定跟另外 4 个联合创始人开诚布公地谈，"我清楚地告诉了创业伙伴现在有两条路可走：一是每人各追加投资 100 万元，用于产品推广；另一个方案就是其他 4 位股东退出，由投资机构购买老股并为企业注资。他们都选择了退出，因此刘桂芝参股的上海矽麟投资管理中心投入一笔钱，从老股东手中买走股份，再为诺泰自动化注资 300 万元用于产品推广。经过这样一番操作后，诺泰自动化焕发出新的发展生机。"

2016 年，诺泰自动化销售额首次突破 1000 万元， 2018 年销售额达到 3000 万元。这令刘桂芝颇感欣慰，李辉也品尝到了创业的甜头。

| 第二次创业抱团取暖走得更远

2018 年，刘桂芝向上海宏测半导体科技有限公司（简称"上海宏测"）创始人之一包智杰介绍了自己投资的诺泰自动化。上海宏测的主要业务是研制半导体测试设备，包智杰对做分选设备的诺泰自动化很感兴趣，便从上海飞到深圳考察。他与李辉一见如故，两人判断未来半导体设备的研发制造需要更多的资金投入才能保持领先地位，于是商量将两家公司业务并在一起，组成一个集团公司，这样客户资源可以共享，也能更好地获得资本的助力，迅速做大市场，助力中国快速增长的半导体产业。

同年 11 月，南京宏泰半导体科技股份公司（简称"南京宏泰"）正式成立，包智杰出任总经理。经过多轮磋商，2019 年南京宏泰旗下的子公司正式纳入上海宏测、诺泰自动化的资产和业务，李辉和当时上海宏测副总经理毛国梁作为南京宏泰联合创始人任董事兼副总经理，由南京宏泰 100%控股新成立的诺泰芯，接收原诺泰自动化的资产和业务。李辉介绍道："南京宏泰相当于集团公司，目标是打破国际品牌在半导体测试设备领域的垄断，助力中国自主芯片产业振兴。南京宏泰已经入选专精特新'小巨人'企业名单，2022 年 12 月完成数亿元的 C 轮和 C+ 轮融资。其中 C 轮融资由尚融资本领投，高信资本、中电基金、上海自贸区基金、无锡新投集团等跟投；C+ 轮由比亚迪股份和易方达资产联合领投，中电科、超越摩尔、高信资本、云锦资本等跟投。此次融资后，南京宏泰将发挥产业资本方的业务协同效应，进一步加大研发投入，持续推进自主创新，吸引优秀人才加入，致力于成为领先的一站式半导体测试解决方案供应商。"

作为南京宏泰的全资子公司，诺泰芯主要研发生产和销售半导体专用设备，李辉任诺泰芯的法人代表兼总经理，全面负责集团半导体设备方面的业务。李辉说："这相当于我的第二次创业，如今诺泰芯 2024 年销售额突破了 1 亿元，2025 年营收预计可达 2 亿元，这说明抱团取暖之后企业发展势头更好。"

由包智杰牵头负责南京宏泰，李辉是否心悦诚服呢？他憨厚地笑道："我的过往经历决定了我对产品更感兴趣，对控股并不执着，我跟包智杰的一个共同目标就是要把蛋糕做大，做好半导体设备的国产替代，助推国内半导体产业的健康发展，并且下一步目标是做一个全球化的半导体公司，成为全球领先的半导体后端综合方案商，因此我们需要紧密合作。包智杰有复旦大学 MBA 学位，擅长企业管理和把握企业发展方向，我更擅长做产品方向和产品研发，由此可见我们的合作是互惠互利、各展所长。"

| 打造一流技术团队增强产品竞争力

李辉与股东合作时以诚相待，对待员工时以心换心。他说："半导体设备企业属于技术密集型企业，对员工的技术能力要求很高，员工是企业创新的源泉，因此对员工要以心换心，充分挖掘员工的创造力和积极性。"

为了更好地经营企业，李辉工作之余攻读了 MBA 课程，并且学会用股权激励机制来调动员工的积极性。如今，已经有几十名骨干员工在持股平台上享有期权，这对员工的激励作用非常明显。诺泰芯目前有200名员工，其中60多人是研发人员，累计申请专利120多项，已经授权的专利超过100项。

在半导体设备领域深耕多年的李辉，知道有些小而美的日本企业在半导体产业细分领域拥有全球领先的技术，他希望能并购日本公司或技术团队，为南京宏泰增强技术实力、丰富产品线。南京宏泰第一次收购的对象是一家日本的测试机公司，该公司社长年近七旬，拥有40多年电子测量仪器开发经验，是日本电子测量领域一级专家，他创办的公司研发了一款高速测试机，甚至可以媲美德国ITC测试机，是世界上速度最快的高精度测试机。为了说服日本技术方，李辉和包智杰多次前往日本洽谈合作，2020年谈妥了全资收购协议，该公司的产品技术全部移交南京宏泰，南京宏泰和日本子公司两地设计研发中心协同开发新产品。

第二次并购锁定的全球化人才团队是李辉在日本公司工作时认识的朋友，他们拥有做超小超薄器件设备的能力，曾经设计生产的产品在同行中遥遥领先。在美国对半导体技术封锁的背景下，先进封装技术对发展中的国产半导体非常重要。2019年开始，李辉计划招募这支团队。"我告诉他们，日本企业在市场开拓方面不可能像中国企业做得如此快速，想要以最快速度实现技术变现，最好的办法就是用先进技术与中国企业合作。他们负责前期产品设计，诺泰芯负责制造和销售，充分发挥日本团队的技术优势和中国厂商的制造与营销优势，形成更强的竞争力，这样才能有机会在全球市场上参与角逐，应对欧美同行的竞争和挑战。"几年下来，双方紧密洽谈十多次，终于在2024年6月谈妥。南京宏泰控股这支团队，该团队工作人员会在日本和深圳两地工作，诺泰芯原设计团队也全程参与超小超薄器件设备的设计，因为设备超精密，所以日本团队会从零件加工工艺、装配、调试各环节全程赋能，双方共同打造能向全球顶级半导体厂商批量提供的优质半导体设备。

| 对标世界一流开足马力创新

李辉是个不善言辞的创业者，但他对自主研发的各种类型分选机却能如数家珍。第一次创业时，他就研制了难度很大的转塔式分选机，经过不停地迭代创新，如今他研发的转塔式分选机通过主转盘转动，将芯片送至各个工位测试，并根据测试结果对芯片进行打标、分选、编带，在行业内首次实现运动控制软件 Windows 与 Linux 操作系统双兼容。

诺泰芯除了有转塔式分选机，还研发出具有国际领先水平的三温转塔分选机。诺泰芯的 NT-Thor 系列产品是全球首台拥有三温测试功能的转塔式分选机，面向工业、车规及传感器芯片应用，可以同时在低、中、高温下检测。

李辉透露，IGBT/IPM 测试分选线是诺泰芯最新研制的产品，可以处理测试多种类型的电子产品，适用于 IGBT（绝缘栅极型晶体管）、IPM（智能功率模块）、PIP23（车规功率模块）等，涵盖 ISO 测试（绝缘安规测试）、高温测试、常温测试、分选、包装全套功能。现有的产品已经在海南航芯、芯聚能等厂家进行量产验证，2025 年初实现批量供货。

瞄准世界一流水平持续创新，为李辉团队提供了不竭的动力。李辉牵头的"高速高精密半导体自动化测试（ATE）和分选设备的产业化应用"项目被列入广东省科技计划项目，获得政府的资金扶持。

李辉用朴素的语言描绘着心中的蓝图："近年来，受益于政策扶持与

晶圆级测试分选机

第三代半导体芯片测试分选机

资金投入，我国集成电路产业链上下游企业加速新建、扩建，带动了我国半导体设备市场需求的增长。在半导体设备领域深耕多年，坚持创新，是因为我始终相信中国企业在先进设备上有能力做得更好。除了国内市场的国产替代，我们还要开拓海外市场，公司已经完成了在东南亚的布局，下一步要在日本设立分公司，把国产半导体设备卖到日本和欧洲，成为一家技术领先的全球半导体设备企业。"

在物联网和人工智能等新技术驱动下，我国半导体设备市场规模将持续保持高位。专注于半导体后道设备研发的诺泰芯，扎根粤港澳大湾区，面向全球广阔市场，正迅速崛起。

———

"创业者一定要有使命感，要成为对社会有意义
的企业，企业才能与众不同。"

杜孩，深圳康体生物医药科技有限公司董事长、首席执行官。

深圳康体生命科技有限公司（深圳康体生物医药科技有限公司的前身）获第十四届中国深圳创
新创业大赛三等奖。

杜孜：

千锤百炼始成钢

2024 年 7 月，深圳康体生物医药科技有限公司（简称"康体生命"）美国波士顿分公司获得 1000 多万元的临床试验 CRO[1] 服务订单，这标志着康体生命自 2023 年开启国际化业务以来取得了显著的成绩。

康体生命董事长杜孜曾是山西大同的一名煤矿工人，2005 年走上创业道路，曾经在北京、香港、深圳多地创业，从做电子产品批发到转口贸易，再转战生物医药产业，既经历过众星捧月的风光场面，也有过濒临破产的至暗时刻。回首来时路，他感慨万千："我从不后悔创业。在创业过程中，我感悟到人生不在于能飞得多高，而在于摔下来的时候能否面对低谷中的自己。在正确的方向上坚持不懈需要巨大的勇气。"

｜ 从掘得"第一桶金"到一无所有

杜孜如果按照父母的安排，就是在山西大同的一个煤矿当一辈子煤矿工人，而倔强的他偏偏要对命运说"不"。

"我喜欢坐在山坡上看夕阳，特别向往外面的世界。"杜孜中专毕业

---

[1] CRO：医药合同研发机构，即专门为制药企业、医疗机构提供新药研发服务的机构。

后就被父亲安排到煤矿工作，因为他的父辈几乎都是依靠挖煤来讨生活。而杜孩并不希望这样过一辈子，他觉得内心无比地躁动，一直渴望走向新的世界。

2005 年，杜孩义无反顾地辞职，带着对未来的美好憧憬到了北京，在中关村租了一间地下室。他在北京搞起了电子产品的批发零售，短短一年多时间就赚到了人生的第一桶金。

"2007 年我已经赚到了三四百万元，不仅给父母在老家买了房子，而且在北京也买房、买车，事业稳定。"杜孩初次尝到事业成功带来的满足感。然而他并不安于现状，2008 年北京奥运会期间，大街小巷都播放着《北京欢迎你》，很多外国友人涌入北京，这为他打开了另一个世界。

"开幕式的时候，我也在现场，很激动，很震撼。"奥运会的盛况为杜孩打开了一扇通往更广阔世界的大门。他隐约地意识到，单纯的财富积累并不能给他带来真正的满足和快乐，他要去寻找自己真正的人生目标。深圳的速度和效率令他向往，他决定南下深圳发展。

他在深圳投资开办了一家生产电子产品的工厂，可由于缺乏生产制造经验，在采购元器件的过程中对质量控制有所疏忽，导致电子产品质量不过关，不仅没有赚到钱，还把之前的积蓄赔得精光。

"没钱、没技术、没资源，还有供应商来催讨货款，那段时间我通宵睡不着觉。"2010 年，杜孩面临着创业以来的第一次失败。他连续三个月每天在红树林跑步，有时间就看书、听讲座，阅读了《道德经》《论语》《庄子》等经典书籍。冷静下来之后，他决定去香港看看，香港的机会更多，如果不能创业，打工也可以，大不了从头再来。

| 东山再起之后选择重新出发

杜孜转战香港，在那里耐心地寻找着商机。一位姓张的香港朋友决定跟他合作，一起做转口贸易，杜孜负责找国内的企业资源，张先生负责开拓东南亚市场，生意逐渐有了起色，只花了一年多时间，杜孜就还清了所有的债务。

正在生意红火的关头，张先生却告诉他自己要去英国读书了，人不能只为了赚钱而活着。

"我以前一直认为，人活着是为了赚钱，可这位朋友告诉我人不是为了赚钱而活着，这对我是一个巨大的触动，颠覆了我之前的认知。我决定重新出发，可具体做什么，我并没有想好。2012年上半年，我从深圳出发，骑行到西藏，为期3个月的骑行日子是我此生最开心、最自由的时光。我遇到了很多帮助我的陌生人，有的人免费给我提供食物和水，有的人免费给我提供住宿，同时，我也遭遇过山上飞来的滚石和恶劣的天气。进入西藏之后，我遇到那些五体投地的朝圣者，更是被感动得热泪盈眶。"杜孜一路骑行，一路收获，并对自己的创业经历做了一次复盘。他认识到企业家的认知水平与创业结果息息相关，也认识到生活不只是追求财富，更重要的是追求有意义的事业。

这一年，杜孜刚刚30岁，他已经经历了事业的起伏，相信在未来的创业道路上会走得更稳健，可万万没有想到的是，更大的挫折还在前面等着他。

试水生物医药产业遭遇至暗时刻

杜孩在寻找新的事业机会，新能源、芯片和生命健康三个领域的机会比较多。就在选择的十字路口，一位生物学博士朋友告诉他，国内生物抗体长期依赖国外，未来进口替代会有很大需求，做抗体方面的生意将有广阔前景。

嗅觉敏锐的杜孩立即研究这个市场和相关产品，他决定从代理国外抗体产品起步，再逐渐涉足生物医药领域。2012年，杜孩注册成立了深圳菲优生物技术有限公司，代理美国和德国的抗体产品，销售给国内的医院和科研机构。代理业务发展得风生水起，杜孩也结识了不少大健康领域的专家。

2015年，杜孩和几位生物学博士注册成立深圳学联生物技术有限公司，自主研发生物试剂和试剂盒，没想到才一年时间就宣告失败，由于价值观不一致，几位股东分道扬镳。

不甘心失败的杜孩继续寻找志同道合的创业搭档，结识了当时中山大学生命科学院院长赵勇教授。赵勇对杜孩希望将抗体技术及其产品国产化的想法很支持。2016年6月15日，杜孩用300万元注册成立了深圳康体生命科技有限公司，由三位顶尖教授负责新产品研发。2017年，公司顺利拿到约3000万元的投资。

令杜孩没有想到的是，资金注入之后不仅没有为企业带来高速发展，反而因为利益分配问题带来了新的矛盾。2019年初，杜孩要向投资人交代新产品研发进度，可研发团队一直拿不出成果，资金却快烧光了。杜孩要求研发团队尽快完成研发任务，并停发高薪，这一决定激化了矛盾，直接导致负责研发的两位联合创始人离职，公司濒临崩溃。紧接着投资人撤资，技术人才全部离职，公司账户上只剩下 30 余万元，杜孩感觉一下跌入了万丈深渊。

"这是我人生的至暗时刻，在获得融资的时候，媒体争相报道，觥筹交错，我误以为这就是成功，而两位专家离开后，投资人撤资，我被人怀疑是个骗子。我仿佛掉进了冰窟窿，心也凉透了。就在我苦苦挣扎的时候，合伙人赵勇教授给了我很多勇气。他对我说：'现在还剩下我一个教授，我会和你一起面对投资人，说服投资人给企业留条活路，最好只是部分撤资，你赶紧想办法如何扭亏为盈。'赵勇教授非常有担当，跟我一起复盘，他教会了我要勇于面对困境，要承担作为公司法定代表人和首席执行官的责任。我果断决定带领企业转型，从自主研发转向提供技术服务，帮助其他医药公司开发 CRO 服务，先养活公司。于是，我和赵勇教授并肩作战，一起去拜访客户，上海医药集团成为我们第一个客户，给我们带来近百万元的订单，公司这才免于倒闭。"杜孩用平静的语气述说着这段创业历程，过山车一样的经历却让人感觉到惊心动魄。

｜ 引入高端人才创业渐入佳境

赵勇教授和杜孩确定了康体生命的企业使命：专注技术，科技报国。当解决了生存问题之后，杜孩对高端技术人才求贤若渴。

2019 年下半年，杜孩将杭州某药企的技术总工巩进军博士吸引到康体生命。巩进军专注于纳米抗体定制筛选和酵母表达系统项目管理，他迅速优化了公司 CRO 服务的流程和工艺，为生物医药企业提供从抗原、免疫、建库、筛选、表达纯化、功能验证、发酵罐生产各阶段的纳米抗体药物定制服务。

擅长市场营销的杜孜一边招揽人才，一边开拓市场。2020 年，康体生命年收入约 2000 万元，2021 年增长到 2500 万元。收入逐年增加后，康体生命除了做技术服务，又重新启动研发工作。在赵勇教授的指导下，康体生命把研发目标定为驼类的抗体。为何选择这个方向呢？

杜孜解释道："国外鼠抗（小鼠抗目的蛋白，产生的抗体是鼠源的）和兔抗（兔类抗目的蛋白，产生的抗体是兔源的）的技术已经非常成熟，如果再朝这个方向发展，那康体生命就很难成为一家在国际上有竞争力的公司。我们发现驼类的抗体可以实现发酵工业化生产，而且它也属于纳米抗体，甚至在某些方面的优势超过了鼠抗和兔抗，所以我们想抓住这个机会，成立一家抗体公司，研发自己的纳米抗体技术，打破国外抗体技术垄断，填补国内纳米抗体产品的空白，促进国内抗体市场产业链发展。"

2021 年 4 月，赵勇教授因病去世。杜孜说："没有赵教授的鼎力相助，我都无法想象如何救活企业。他的突然离世，让我很悲痛，我要把他未完成的心愿实现了，化悲痛为力量，继续在抗体技术及其产品国产化道路上前行。"

杜孜又引入香港中文大学（深圳）医学院教授杜洋作为企业的首席科学家。杜洋是密歇根大学安娜堡分校医学院助理教授，曾留学美国斯坦福大学，师从 2012 年诺贝尔化学奖得主布莱恩·科比尔卡（Brian Kobilka）教授，曾获得美国心脏协会全额博士后奖学金。他的研究领域包括 GPCR[1]、冷冻电镜和基于 GPCR 结构的药物发现等。杜洋负责牵头康体生命研发平台的搭建和技术研发工作。在杜洋带领下，康体生命吸引了多位生物医药专业博士参与技术平台建设，组建原核、酵母、昆虫、哺乳细胞重组蛋白

---

[1] GPCR：G 蛋白偶联受体，一类位于生物细胞表面的蛋白质。

表达纯化平台，结构功能和药物发现研究平台，以及纳米抗体发现和工程平台，为客户提供纳米抗体定制及功能验证一站式解决方案。

杜孩对市场销售成竹在胸："我们针对三个市场进行技术推广及合作，第一个是科研市场，国内用的一些抗体，绝大多数都来源于国外，有进口替代的需求；第二个是诊断试剂的抗体原料，目前抗体原料的核心还是依赖于国外，我们也想在这一块上做技术开发和产品替代；第三个是为国内的大型医药公司提供CRO服务或共同开发，与我们合作的有不少国内知名药企，包括一些上市公司，与他们合作的同时也锻炼了我们的队伍。"

| 深创赛获奖整合资源进军海外

2022年金秋，康体生命夺得第十四届中国深圳创新创业大赛三等奖，在此之前，其已获得此赛事龙岗区预选赛暨第二届"龙岗区双创之星"创新创业大赛企业组一等奖。

走出低谷再创佳绩的康体生命再次受到投资机构的关注。2022年底，康体生命获得丽珠集团、星河资本等投资机构的2000万元投资，2023年获得金

康体生命获得第十四届中国深圳创新创业大赛三等奖

雨茂物管理的日照产业基金的 3000 万元投资。

为了更好地满足客户需求，康体生命 2024 年春天在山东日照启动占地 5000 平方米的生产基地及 40 亩实验动物基地建设。这个现代化的基地将汇集最新的生产设备和技术，确保能够以高效、精细的方式进行纳米抗体研发和生产。康体生命已经从澳大利亚引入 1000 多只羊驼，饲养在日照生产基地里，这里即将建成全球最大的羊驼实验动物基地。

康体生命目前已有多个抗体产品成功研发并投入市场，其纳米抗体技术实现全球领先，打破了国外技术的垄断，能为客户提供高性价比的产品和服务。

2023 年，康体生命走出国门，成立了美国波士顿分公司，并在欧洲成立了 BD（商务拓展）团队。杜孩选择波士顿作为海外"桥头堡"，有他的深谋远虑："波士顿拥有 7000 多家生物公司，康体生命以波士顿分公司为新起点，可以把优秀的服务和产品带到美国，拓展国际市场，这标志着康体生命全面开启国际化业务的新征程。"

为了实现快速响应客户需求、提供"零距离"技术服务、进行无障碍沟通、缩短交付时间等目的，康体生命美国波士顿分公司建立了一支本地化专业团队，并整合、优化当地资源，为北美乃至全球客户提供纳米抗体和 GPCR 靶点膜蛋白的技术开发方案。同时，分公司与当地多个合作伙伴建立了深度协作关系，不断开拓北美和欧洲市场。

杜孩说："选择在深圳创业是非常正确的决定，这里可以面向全球做战略布局。我的目标是要尽快实现年销售额过亿元，并计划到 2028 年实现至少 5000 万元的净利润，带领企业走上更稳健的发展道路。"

杜孩的办公室挂着一幅书法作品，斗大的"空无"二字代表着一种归零的心态，提醒着杜孩在取得成就后要不忘初心，始终保持谦逊与学习的姿态，同时也提醒他做事要忘掉名利，不要被利益诱惑。杜孩经常会花时间去攀登雪山，或者做长距离的骑行。他远离城市的喧嚣，实际上是为了给自己一段放空的时间，在"空无"的境界里去追寻生命的意义。他是一名与众不同的连续创业者，同时也是一个对生命意义孜孜不倦探求的追寻者。

创业者一定要有使命感

　　本章所述的连续创业者在创业道路上百折不挠，踩过坑，流过泪，可他们仍然选择在荆棘丛生的创业道路上坚持走下去。经过多次创业的洗礼，他们的意志得到了磨炼，心胸也变得更宽广，他们一致认为，创业者一定要有使命感，才能走得更远，事业也会更有意义。

　　康体生命董事长杜孩是一名在电子产品、生物医药等多个领域有过创业经历的连续创业者。经历了联合创始人离开、投资人撤资，但他仍数次从事业低谷爬起来，让事业起死回生，屡创辉煌。

　　为何他总能绝处逢生呢？杜孩说："创业者一定要有使命感，要成为对社会有意义的企业，才能与众不同。因为有了使命感，低谷的时候，才会更加客观地分析问题，承担自身的责任，而不是怨天尤人，这样的心态更有利于找到解决办法。比如，面对投资人，要站在对方的角度思考问题，即使投资人提出撤资，也要理解投资人的立场和出发点，去积极沟通，取信于人。又如，在做产品的时候，要把产品变成市场的刚需，而不是单纯地内卷价格，这样才能做出更优质的产品，获得更丰厚的利润。再如，康体生命甚至把自己的纳米抗体技术免费分享给全国的高校和科研机构，因为我们花了大量的人力物力做研究，所以不希望其他的科学家再在这方面花费精力和财力。未来这些高校、科研机构以及相关科研人员可以依托康体生命，携手把康体生命的纳米抗体技术带到全球，服务全人类的健康。当创业者有了使命感，面对困境的时候就能产生巨大的勇气，积极解决问题。把所有的困难都跨越过去之后，你会发现它们只是成就一家更伟大的企业的必经之路。"

使命感不仅能让创业者绝处逢生，而且能助力创业者取得更大的成就。十方融海联合创始人兼首席执行官陈劢曾经多次成功创业，当创办十方融海，想要打造一家面向成人的数字技能型教育平台时，她就意识到这是一份责任和使命。为了做好在线教育的事业，她走出舒适区，面对企业发展过程中遇到的新问题，通过学习提高自己的眼界和学识，对企业经营管理、绩效管理、宏观经济等各个方面有了更深刻和更全面的认知。她说："我相信这对带领企业的未来发展会有很大益处。管理不仅是一门科学，而且是一门艺术，通过学习可以不断提高自己的修养和管理水平。企业家的境界决定了一家企业的天花板，当创业者不断提升自己的境界，就能提高企业的天花板，把企业从一个高度带到另一个新的高度。"

因为有了使命感，创业者可以突破极限，带领一群人追逐伟大事业，创造出更高的人生境界。诺泰芯创始人、总经理李辉是一位性格温和的连续创业者，他在半导体设备行业里默默耕耘了数十年。在两次创业经历中，不论企业是否盈利，他都坚持不懈地钻研技术。在他眼里，好的产品和服务必然是半导体产业所需要的，他甚至可以放弃企业的控股权，但不能放弃对技术的执着追求。

李辉曾经在半导体企业工作十多年，也曾参与创办了多家企业，在这个过程中他看到中国半导体设备产业多年来被洋品牌垄断，国产设备厂商生存非常艰难。然而，近几年这一局面发生了重大改变，在海外技术封锁和贸易摩擦等不确定因素增加的背景下，我国半导体设备产业加快了国产替代的步伐，实现半导体设备产业自主可控已经上升到国家战略高度。作为国产半导体设备厂家，李辉感到重任在肩。他与包智杰携手创办南京宏泰，对标国际一流半导体设备企业，准备用 5 年的时间成为全球领先的一站式半导体后道方案供应商。

李辉说："连续创业者实际上对创业的目的和意义看得更清楚，他们并不是为了个人的财富增长或者拥有更大权力去创业，而是为了在产业里做出点实实在在的贡献。有了这个使命感，对控股权等个人的利益就会看得淡一些，能从大局着眼，为企业谋划更长远的未来。早在 2018 年，美国率先向中国展开了半导体的技术封锁和打压，试图阻挠中国科技发展。自国家开始高度重视半导体产业以来，我们感受到机遇和压力并存，我决心做好自己最擅长的事情，那就是通过技术创新不断研制出一流的自动化半导体设备。希望在不久的未来，半导体设备产业不再有'卡脖子'的危机出现，中国品牌的半导体设备将走俏全球。"

后记

　　深圳这座城市是改革发展的产物，创新的基因早已深深融入至少三代深圳人的血液之中，同时深圳是国内首屈一指的青年发展型城市，连续两年居"95 后"人才吸引力城市之首。"来了就是深圳人"，深圳常住人口平均年龄只有 32.5 岁，随着鲲鹏青年创新创业行动面向全球抛出橄榄枝，将有更多有志青年来这里奋斗扎根。如何持续讲好这里的创新创业故事，是我们科技工作者孜孜不倦追求的目标。

　　自 2018 年《深圳创业故事》面市以来，我们欣喜地看到这套精心酝酿的丛书不断成长壮大：《深圳创业故事》《深圳创业故事 2》成为深圳市 2023 年唯一获得广东省委宣传部图书出版"走出去"项目资助的图书，并翻译成英文版，在 2023 年底开启国际化道路；2024 年 6 月，《深圳创业故事 3》版权推荐暨英文版签约仪式亮相第三十届北京国际图书博览会；2024 年 10 月，《深圳创业故事》（俄文版）成功入选"2024 年丝路书香工程"，这也是深圳该年度唯一入选这一向"一带一路"共建国家输出中国优质图书的国家级项目的图书。这一系列图书的海外版权授权工作开启了国内城市创新创业故事向世界传播的序幕，有利于向全世界全面全景讲好中国式现代化的故事，向全球展示中国优越的营商环境，吸引全球优秀人才、创业者来华实现梦想。

为进一步传播好深圳浓厚的创新创业文化，在全国全球范围内持续打造出鹏城独有的科技创新文化矩阵，本书编委会凝聚一心、再接再厉，以"钉钉子"精神高质量编写《深圳创业故事4》。该书涵盖多种类型的创业者，有高校教授创业引领风骚，有海归来深创业圆梦，也有打破安逸的青年"下海"投身重点产业领域，抢抓风口不屈不挠谱写新的人生篇章。我们非常欣喜的是，这本新书就要与各位读者朋友正式见面了。

　　《深圳创业故事》系列之所以能够不断创新和延续，首先得益于粤港澳大湾区优越的创业环境，这是在一个国家、两种制度、三个关税区、三种货币的条件下建成的容纳约7000万人口的大湾区，国际上没有先例。"创新驱动、改革引领"是国家对湾区发展提出的基本原则，港澳与内地城市珠联璧合，深化产学研协同创新，汇聚全球创新资源，不断刷新科技创新的成绩单，"深圳－香港－广州"科技集群创新指数连续五年在全球创新指数百强科技集群中居全球第二位。其次离不开深圳热带雨林般的创新创业土壤。厚植沃土草木丰，深圳坚持把整座城市作为新质生产力和创新的策源地、孵化器，把企业作为链接科技和产业的最关键节点，牢牢坚持"以市场为导向、以企业为关键主体"的发展理念，在全国率先构建最好的创新生态和人才发展环境，形成大企业"顶天立地"、创新企业"开天辟地"、中小企业"铺天盖地"的发展格局，全市全社会研发投入中企业占比多年保持在95%左右，各类人才总量超700万人。

　　最后我们想特别感谢深圳优秀的创业者。深圳作为科技创新领域的后发城市，可以说是"平地起高楼"，没有"山头主义"的利益束缚、建制等级的阶层观念、"圈子"文化的羁绊，展现出"不问出身、不问学历、不问官阶、不问贫富"的创新文化，一步步打造市场化、法治化、国际化标杆。企业家正是深圳这座城市创新的"细胞"和"土特产"，因此在编写本系列图书的过程中，我们深感责任在肩，要投入十二分的努力来讲述好这些最能反映深圳创新特色的企业家的奋斗事迹。其中我们要特别感谢由中国深圳创新创业大赛培育的众多优秀企业，它们毫无保留地为该系列图书的采访和创作提供了丰富鲜活的优秀案例和源源不断的新思路，让读者能够在字里行间感受到深圳敢闯敢试、追求卓越的创新创业氛围。

让我们向砥砺前行的创业者们致敬！

本书编委会